AF495791

L'audace de réussir

Didier J. Durandy

Avec la collaboration de Pierre Mongin

Préface de Hervé Lassalas

L'audace de réussir

EYROLLES

Éditions Eyrolles
61, bd Saint-Germain
75240 Paris Cedex 05
www.editions-eyrolles.com

Ce livre est dédié à toutes les personnes avec lesquelles j'ai travaillé, aussi bien dans le cadre du Career Center de RMS Network qu'au cours des cent quatre-vingt missions de consulting que j'ai réalisées depuis que j'ai quitté le monde bancaire. Qu'elles soient ici remerciées de leur confiance et de leur « audace de réussir ».

Remerciements

Nombreux ont été les contributeurs à l'élaboration du livre qui est entre vos mains.

Qu'ils soient tous remerciés, amis et amies, relations professionnelles et experts reconnus dans leurs domaines de compétences, tous passionnés par ce qu'ils font tels Pascal Vancutsem, spécialiste en stratégie personnelle par l'approche neuro-cognitive, Jean-Cyrille Lecoq et Lloyd Kelly, sportifs et coachs de sportifs respectivement français et américain, ainsi que Chantal Dewé, Loïc Simon et Cédric Bonnard pour leur contribution à la clarté et la lisibilité du texte.

Sur le plan technique, un mot en particulier pour Pascal Vancutsem, spécialiste en stratégie personnelle par l'approche neurocognitive, qui a contribué à préciser certains concepts et à les remettre dans leur contexte.

Je tiens à remercier particulièrement Marguerite Cardoso éditrice chez Eyrolles, qui a beaucoup œuvré pour que je rédige ce livre jusqu'au bout…

Enfin, toute ma famille m'a accompagné, soutenu, conforté dans l'idée que ce livre serait utile à beaucoup de personnes, qu'il fallait le reprendre, et le terminer pour en faire un ensemble à la fois complet et cohérent. Que ma compagne Martine soit également remerciée pour son soutien et sa confiance sans failles, livre après livre !

Sommaire

Partie 2. Définir votre stratégie

Partie 3. Passer à l'action

Préface

S'il n'y avait qu'une seule chose – et elle est capitale – à retenir de ce passionnant ouvrage, c'est que notre vie, notamment professionnel, est bien entre nos mains.

Ce constat qui, pour certains, bouscule les habitudes franco-françaises, est étayé, documenté, argumenté par l'auteur à partir de sa considérable culture internationale (ses expériences professionnelles portent sur vingt-quatre pays) et sa pratique intime de nos propres « fondamentaux », faits d'immenses potentiels, mais de non moins immenses freins culturels.

Vous serez sensible aux innombrables clés de décodage et d'analyses comportementales très concrètes qui en émaillent les chapitres. Aux solutions toujours précises et adaptées à chacun. À l'agréable pragmatisme et universalisme qui vous rassurera quel que soit le « moment » que vous traversez. À la pertinence des « arborescences » qui vous guideront sur les chemins complexes de vos choix dans des situations parfois critiques.

Bref, c'est une bouffée d'oxygène en ces temps perturbés où nous nous sentons « tout petits » face à un monde hostile et déshumanisé. Didier Durandy est là, présent, solide, une référence crédible, et de précieux conseil. Il nous fait nous dépasser et nous aide efficacement à transgresser une culture où l'on nous a appris à freiner devant le danger, alors que – tous les rallymen vous le diront – accélérer à fond est souvent la meilleure planche de salut. Il le dit et le prouve : nos ressources sont en nous-mêmes.

Alors, accélérons !

Vous dévorerez cet ouvrage comme un roman. À chaque page, vous retrouverez un « bout de vous ». À chaque question, vous trouverez une réponse. C'est un véritable dialogue avec vous, une « adresse » au sens littéraire, qui vous est ici proposée.

Et puis, souvenez-vous toujours de ce qui sous-tend nos échecs : ce n'est pas parce que nous avons les cartes en main – fussent-elles bonnes – que nous pouvons nous en sortir, mais c'est bien la façon de les jouer qui importe. Ce livre nous apporte mille clés pour décoder nos atouts. Vous ne le quitterez plus et y reviendrez comme dans un abri bienfaisant en cas de « gros temps ».

Transformer les hasards en certitudes ? C'est un des facteurs de réussite que Didier Durandy vous rappelle à chaque instant. Avec la ferveur d'un guide qui ne vous lâchera pas la main.

Prenez-la et ne la lâchez plus.

Bonne et assidue lecture.

Hervé Lassalas, président de clubs d'affaires,
consultant, formateur et auteur, chevalier
dans l'ordre national du Mérite

Avant-propos

Ce livre n'est pas neutre, il a une histoire. Il a tout d'abord attiré des velléitaires tentés par la facilité apparente du sujet traité et les retombées médiatiques éventuelles. Puis progressivement, les vrais professionnels les ont remplacés et m'ont accompagné jusqu'au bout de l'aventure afin de rendre ce livre à la fois techniquement solide et ludique d'approche.

Le sujet de l'évolution d'un parcours professionnel étant à la fois sensible et délicat à traiter, il fallait surtout proposer des pistes de réflexion sans faire prendre de risques inconsidérés au lecteur, c'est-à-dire vous.

En ce qui me concerne, j'ai vu au cours de mes missions de consulting et de coaching trop de carrières gérées de manière passive, trop d'énergie consommée dans des enjeux vains, trop d'enthousiasme consumé par manque de reconnaissance, trop de gestion de problèmes professionnels et personnels inutiles, factices, fabriqués plus ou moins consciemment, aussi bien par soi-même que par les tiers, par manque de capacité à s'y prendre autrement.

À partir de ce constat, comment reprendre votre situation en main ? Comment lancer des projets directement liés à votre vocation ou votre mission sur terre ? En fait, ce sont les outils que j'ai développés progressivement pour tous ceux qui souhaitaient sortir de l'immobilisme, ou du *statu quo* prolongé, les maintenant dans une déception permanente, qui sont présentés ici sous forme de méthodologie regroupée en sept étapes.

Il n'est certes pas aisé aujourd'hui de se positionner dans un environnement à la fois nerveux, stressant et instable, que ce soit par conformisme lénifiant ou par rébellion excessive ! Mais le *système* aura néanmoins toujours besoin de nouvelles compétences, de nouveaux talents et c'est à vous de savoir les structurer, puis les proposer afin de les transformer en expérience personnelle.

Il faut donc redoubler d'efforts pour « exister » économiquement, pour être reconnu, et pour être respecté *dans* et *par* le *système*. Car nous sommes tous engagés dans une forme de guerre économique à titre personnel, qu'on le veuille ou pas… Que vous soyez sportif, industriel, fonctionnaire, prestataire de services, il n'y a plus – il n'y aura plus – de confort professionnel, ni de travail pour tous dans la société que nous nous sommes construite.

À SAVOIR

D'après les projections de l'INSEE, il n'y aura en 2050 que 1,4 actif pour 1 inactif, contre 2,2 aujourd'hui[1].

Alors, pourquoi ne pas en profiter pour vous concentrer sur vos forces à vous, sur vos talents, sur vos compétences ? Pourquoi ne pas vous réaliser à travers votre carrière, et progresser dans les domaines qui vous ont toujours passionné ?

Que votre degré d'audace consiste à améliorer l'existant ou à tenter la grande aventure, cela indique que vous êtes déjà

---

1. Robequain, L., Lacombe, F., *Les Emplois de demain*, Le Cherche midi, 2008.

convaincu de prendre en mains votre avenir et d'en assumer la responsabilité…

Mais auparavant, il vous faut vous libérer de tous les freins, les interdits, les conseils de retenue qui vous ont été prodigués pendant des années, voire des décennies, à commencer par votre éducation familiale et scolaire !

On dit souvent « si jeunesse savait, si vieillesse pouvait »… Eh bien, la méthodologie contenue dans ce livre a justement pour objet de relier les deux : vous en savez assez pour mettre votre valeur ajoutée sur le marché, et il n'est pas trop tard pour le faire…

Mais pour cela il faut que vous soyez prêt[1] ! Et nous comptons bien y contribuer dès maintenant, car rien ne vous empêche de commencer aujourd'hui, que vous soyez en poste ou non.

---

1. Afin d'alléger le texte, l'emploi du masculin a été généralisé dans l'ouvrage, qui s'adresse bien sûr à tous les lecteurs et lectrices.

Introduction

« Le courage s'accroît par l'audace, la peur par l'hésitation »
Publilius Syrus

Le titre initialement prévu pour cet ouvrage était *Le Courage de réussir*… Mais au fur et à mesure de l'avancement du manuscrit, il s'est avéré que le terme « courage » ne reflétait **pas** assez bien l'esprit de ce livre. Ce n'est que plus tard que le terme « audace » s'est imposé pour représenter à la fois le fil conducteur et le moteur de l'ensemble, d'où le titre définitif, *L'Audace de réussir*, dans lequel le courage est utilisé comme support permanent.

En effet, le courage véhicule plutôt une connotation statique, représentée par la résistance à la souffrance ou à l'adversité. Alors que l'audace traduit un élan, une volonté, une initiative à la fois originale et hardie, qui permet de sortir des sentiers battus.

Idéalement, il faudra faire preuve alternativement d'audace pour imaginer et lancer des projets ambitieux, et de courage pour garder le cap une fois convaincu de la validité de son choix et des moyens à mettre en œuvre pour contribuer à sa réussite.

À SAVOIR

Voici quelques exploits français liés à l'audace : le retour de l'île d'Elbe par Napoléon, la construction de la Tour Eiffel, la traversée de la Manche en avion par Blériot, la Croisière jaune par Citroën en 1931-1932, les exploits de la Résistance sous l'Occupation, la réalisation du Concorde, la traversée de l'Atlantique à la rame par Maud Fontenoy, pour n'en citer que quelques-uns…

Dans l'environnement économique quotidien, l'audace n'est pas la qualité recherchée – ni récompensée – en premier lieu, car elle nécessiterait une révision importante des relations internes, aussi bien hiérarchiques que fonctionnelles, ainsi qu'une refonte de la politique de gestion des ressources humaines.

Dans le cadre de ce livre, ce sont les effets induits sur votre carrière qui vont nous intéresser :

— Votre responsable hiérarchique n'a ni l'envie, ni la capacité, ni le temps de vous épauler et de vous orienter dans le développement ou l'optimisation de vos talents. Il n'est pas un coach sportif…

— Votre propre autorité hiérarchique étant délicate à exercer, car remplacée par des process, budgets et autres objectifs annuels, vous êtes amené à lui substituer des « services personnels mutuels » (relations cordiales, faussement amicales ou complices) avec vos collaborateurs, sources de pertes d'efficacité, donc de déception dans votre travail.

— Enfin, les difficultés de communication interne entraînent des malentendus, des pertes de messages, et des incompréhensions qui ne vous permettent pas de vous exprimer complètement dans votre environnement professionnel, or cela peut devenir frustrant.

Vous allez donc devoir faire preuve de conviction pour faire valoir votre point de vue, votre vision des choses et votre ambition, et chacune des sept étapes que nous vous proposons doit vous donner les outils nécessaires pour *réussir*. L'ensemble est conçu pour être réalisé en un mois, un trimestre, un an… suivant l'importance de votre projet, l'urgence que vous lui accordez et le nombre de bonnes volontés disponibles pour vous accompagner.

Vous aurez la possibilité d'adapter votre action aux circonstances rencontrées, réviser vos choix stratégiques si nécessaire, éventuellement remonter aux études réalisées afin de les compléter, puis revoir la définition de votre objectif s'il n'est pas réalisable comme prévu initialement.

Certaines étapes vous sembleront plus faciles et plus rapides à traiter que d'autres en fonction de votre personnalité, car elles ne font pas appel aux mêmes *talents*… Vous pourrez ainsi les ajuster à votre cas particulier.

Globalement, cet ouvrage est décliné en trois grandes parties : Sortir de l'immobilisme (étapes 1 et 2), Définir une stratégie (étapes 3 et 4), et Passer à l'action (étapes 5, 6 et 7).

Dans la première partie nous allons vous aider à faire un point sur votre situation actuelle, en vous soumettant des questions sur votre carrière et votre environnement. Puis nous allons examiner les conditions de la reprise en mains de votre avenir afin de quitter le terrain des bonnes résolutions et entrer dans l'action. Enfin, nous allons vous donner les outils nécessaires à une meilleure connaissance de vos qualités, de vos talents…

Dans la deuxième partie, nous vous proposerons de positionner votre plus-value « commerciale », d'analyser votre style de décision, afin d'exercer un choix stratégique réellement adapté à vos talents, à votre situation actuelle, à vos aspirations, et à votre niveau d'audace.

Dans la troisième et dernière partie, nous examinerons tous les éléments nécessaires à la mise en œuvre de votre plan, en tenant compte des difficultés rencontrées et en vous adaptant aux circonstances en temps réel. Pour prendre toute sa valeur, cette mise en œuvre devra s'appuyer sur un tandem « mental fort-grande forme physique », afin de vous doter d'une détermination et d'une persévérance à la hauteur des enjeux que chacun de vous se sera fixés selon ses moyens et son ambition.

Trois annexes importantes ont été incorporées en fin d'ouvrage :

— L'interview d'un grand coach sportif, Jean-Cyrille Lecoq, apportera un éclairage original pour élargir, compléter et consolider les techniques de préparation psychologique développées tout au long de ce livre, grâce aux travaux qu'il a réalisés dans le domaine de la psychologie du sport.

— La contribution de Pierre Mongin, auteur de nombreux ouvrages sur la matérialisation de nos concepts sous forme de *mind mapping* (cartes heuristiques) représente une aide inestimable pour donner à cet ouvrage une dimension et une efficacité supplémentaires.

— Le questionnaire EPCILON® est un outil que nous pouvons vous aider à mettre en place dans l'hypothèse où vous auriez à vous soumettre à des entretiens d'embauche.

Enfin, un mot sur la bibliographie sélectionnée pour vous : les ouvrages cités doivent vous permettre d'approfondir certaines des notions et techniques mentionnées tout au long de cet ouvrage.

Sortir de l'immobilisme

Chacun de nous a un rôle à jouer dans le *système* : chef d'entreprise, consultant, artiste, leader, cadre, médecin, sportif, expert, etc., mais il n'est pas évident à identifier.

Cette première partie a pour objet de vous aider à faire un point sur votre situation actuelle, puis d'évoquer les motivations qui vous animent en vue d'évaluer, puis éventuellement modifier, l'équilibre actuel dont la stabilité apparente pourrait ne pas vous convenir à 100 %....

Nous traiterons également dans cette partie des conditions à satisfaire pour vous reprendre en mains et mieux vous connaître à travers vos qualités, vos défauts et vos talents.

Votre avenir est un bien précieux à ne pas galvauder : attention à ne pas juste vous faire plaisir en vous contentant d'y penser et d'en parler autour de vous, car il risquerait de ne jamais voir le jour ! Le conditionnel passé n'a pas cours dans ce livre !

À MÉDITER

Ariane, qui a tellement pensé son projet artistique qu'elle ne savait plus quand commencer, qui écouter parmi tous les avis différents ou contradictoires reçus, comment s'y prendre, avec qui s'associer, etc., en était encore trois ans plus tard à se renseigner sur la meilleure approche ! La seule chose concrète qu'elle ait pu réaliser : se faire imprimer des cartes de visite avec le titre placé sous son nom : « Porteuse de projet »...

Avant de commencer : pouvez-vous placer le curseur entre 0 et 10 sur le segment suivant qui représente votre niveau d'audace traditionnel dans les dossiers que vous traitez ou avez traité au cours des dernières années ?

Votre niveau d'audace habituel, avant la lecture de ce livre :

0   10

Vous vous posez des questions...

« Quoi que tu rêves d'entreprendre, commence-le.
L'audace a du génie, du pouvoir, de la magie »
Goethe

A-t-on le droit de s'approcher du bonheur dans la société française ?

Notre éducation – dite classique – nous incite, nous forme, à vivre dans le futur : « Tu feras cela plus tard, quand tu seras grand mon fils », et le bonheur n'est pas censé exister vraiment sur terre ; c'est pour après, si vous l'avez mérité.

À MÉDITER

De toute façon, les faits tendent à prouver que l'homme n'a jamais été très doué pour se rendre lui-même heureux et, pire, pour accepter de se sentir heureux, même avant l'époque actuelle...

Le problème, c'est qu'à force de remettre les choses à plus tard, on risque de réaliser qu'on est passé à côté, qu'on a laissé passer des opportunités gigantesques, et finalement, on parle au conditionnel passé : « j'aurais dû », « si j'avais su », etc.

Alors, remettre à plus tard, plutôt que viser le bonheur immédiat ? Attendre qu'il arrive ? Pas si sûr que ce soit une bonne idée. Se satisfaire de l'instant présent est une bonne chose, mais abandonner son avenir aux hasards de la vie est un risque que nous ne recommandons pas de prendre, car le futur se transforme vite en passé.

Il vaut donc mieux organiser son avenir que le subir… Les trente-deux questions contenues dans cette étape ont pour objet de vous permettre d'y voir plus clair en vous et de vous faire une opinion de votre situation actuelle.

Où en êtes-vous ?

Vous n'êtes pas seul : d'après une étude parue dans *Le Figaro Magazine* du 10 mai 2013, « *Plus d'un Français sur trois (37 %) n'arrive plus à concilier les différents aspects de sa vie, son couple, sa vie familiale, son travail, ses amis, ses loisirs… »*

La première chose à faire consiste donc à faire le point sur votre situation dans ses différents aspects. Il s'agit non pas de réaliser une enquête sur vous-même, mais au contraire de vous permettre de faire un diagnostic objectif. Il est donc nécessaire que vous consacriez tout le temps nécessaire à votre réponse à chaque question, afin de bien l'intérioriser. Idéalement, il faudrait que vous ne soyez pas dérangé (téléphone, courriel, SMS, etc.).

Nota bene : Vos réponses étant uniquement destinées à votre utilisation personnelle, vous pouvez utiliser ce livre comme support.

Sur le plan professionnel (carrière, titre, fonction, spécialité, réputation, expertise, etc.)

— Question 1-1 : Êtes-vous satisfait de votre situation professionnelle actuelle ?

Notation de 0 à 10 (10 représentant la situation idéale) pour chacun des aspects suivants :

Salaire :

Responsabilités :

Positionnement hiérarchique :

Intérêt dans le travail :

Challenge intellectuel :

Votre image en interne :

Votre image en externe :

— Question 1-2 : Pensez-vous fréquemment à ce que vous pourriez faire de :

*Plus important : oui – non

*Plus utile : oui – non

*Plus intéressant : oui – non

Sur le plan financier (train de vie, équilibre financier, investissements, etc.)

— Question 1-3 : Combien gagnez-vous « vraiment » de l'heure ?

Méthode de calcul : calculez votre salaire annuel brut, puis votre salaire net, puis votre salaire après impôts, enfin votre argent disponible après déduction des frais de déplacements non remboursés (véhicule + carburant, métro, RER, etc.). Divisez le montant par le total du nombre annuel d'heures effectivement travaillées dans l'année (passées au bureau, en déplacement pour votre entreprise + le temps total de vos trajets).

À MÉDITER

Le montant horaire final est généralement assez décevant. Par exemple, un célibataire dont le salaire est de 80 000 € brut/an, gagne difficilement plus de 14 € net de l'heure, soit le taux horaire d'une femme de ménage ou d'un jardinier… Cependant, il n'est pas évident de « vendre » autant d'heures qu'un salarié lorsqu'on est indépendant.

Montant total en euros :

— Question 1-4 : Avez-vous des sources supplémentaires de revenus sur lesquelles vous pouvez compter dans votre foyer ? Conjoint, loyers, dividendes, placements, etc. ?

Oui – non

— Question 1-5 : Si vous arrêtiez votre activité actuelle, combien de temps pourriez-vous tenir, en tenant compte de vos indemnités de chômage éventuelles, de vos autres revenus, et de vos économies non stratégiques ?

Durée :

— Question 1-6 : Combien pourriez-vous éventuellement investir dans un projet (création de société, dépôt de brevet, recrutements, locaux, matériel, etc.) ?

Montant en euros :

Sur le plan familial (vie affective, enfants, famille, etc.)

— Question 1-7 : Êtes-vous satisfait de votre équilibre vie familiale/vie professionnelle ?

Notation de 0 à 10 :

— Question 1-8 : Réussissez-vous à être mentalement disponible lorsque vous êtes avec votre famille ?

Notation de 0 à 10 :

Sur le plan social (amis, groupes, clubs, etc.)

— Question 1-9 : Avez-vous le temps de voir suffisamment vos amis ?

Notation de 0 à 10 :

— Question 1-10 : Réalisez-vous des activités spécifiques avec eux ?

Oui – non

Si oui, lesquelles ?

— Question 1-11 : Parmi vos proches (famille, amis, etc.), certains vous aident-ils ou ont-ils la compétence et le temps pour vous aider à réfléchir à votre carrière, votre avenir, vos projets ?

Oui – non

— Question 1-12 : Dans l'affirmative, certains d'entre eux sont-ils de bon conseil, positifs et réconfortants, rassurants ?

Oui – non

— Question 1-13 : Si vous leur demandiez, accepteraient-ils de vous coacher pendant votre phase d'étude et de mise en place de vos projets ?

Oui – non

Sur le plan personnel (hobbies, sports, vacances, etc.)

— Question 1-14 : Faites-vous du sport ou avez-vous des activités physiques régulières ?

Oui – non

— Question 1-15 : Consacrez-vous systématiquement vos vacances à une activité particulière, un hobby, une passion ?

Oui – non

Si oui, lesquels ?

– ....

– ....

– ....

— Question 1-16 : Pouvez-vous calculer votre IMC (indice de masse corporelle)[1] ?

Résultat :

Globalement

— Question 1-17 : Quel est votre taux de satisfaction générale actuel ?

Notation de 0 à 10 :

— Question 1-18 : Dans les faits, comment se situent vos priorités en pourcentage entre :

Votre vie professionnelle (en noir) :

Votre vie familiale (en gris foncé) :

Votre vie sociale (en gris clair) :

Vos hobbies et/ou sports (en blanc) :

— Question 1-19 : Pouvez-vous illustrer vos pourcentages de la question 18 sur les figures suivantes, en précisant l'équilibre actuel et l'équilibre idéal en pourcentages ? Notez que si les quatre pourcentages entre les deux figures sont très différents, cela indique que vous devez reprendre rapidement votre situation en mains.

---

1. La méthode de calcul est disponible sur www.imc.fr.

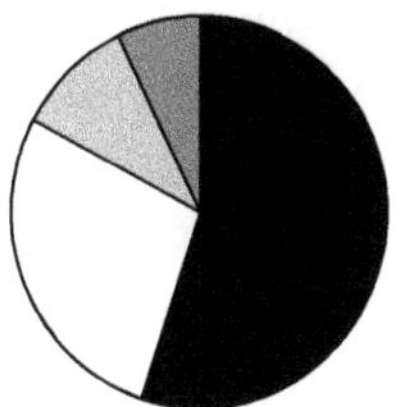

Actuellement

Exemple :

■ Votre vie professionnelle : 55 %

■ Votre vie familiale : 7 %

■ Votre vie sociale : 10 %

Vos hobbies et/ou sports : 28 %

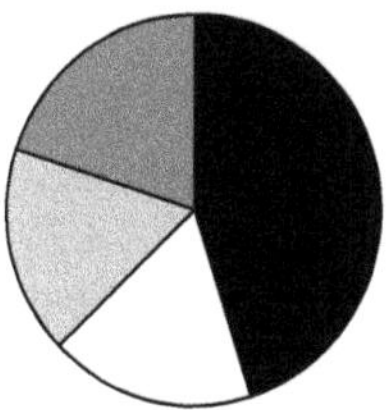

Idéalement

Exemple :

■ Votre vie professionnelle : 45%

■ Votre vie familiale : 20 %

■ Votre vie sociale : 18 %

Vos hobbies et/ou sports : 17 %

À présent que vous avez répondu aux dix-neuf questions ci-dessus, vous devez avoir une opinion plus précise de votre situation actuelle, de ses points forts comme de ses points faibles ; le problème n'est pas de savoir si cet équilibre est idéal ou non, car il l'est rarement sauf de façon ponctuelle, voire furtive ; ce qui importe, c'est de découvrir si le bilan effectué est plutôt positif ou plutôt négatif. À partir de ce constat, vous pourrez déterminer si vous êtes prêt à modifier ou non le cours actuel des choses.

Êtes-vous aux commandes de votre évolution ?

Beaucoup de personnes se comportent en spectateurs de leur propre vie : « *C'est le hasard qui m'a mené à ce poste…* » Non, ce n'est pas vrai ! Elles devraient plutôt dire : « *J'ai laissé faire le hasard plutôt que décidé moi-même…* » C'est très différent.

À MÉDITER

« J'aurais adoré être antiquaire » nous a confié un jour Lionel, quarante-quatre ans, agent d'assurances. Lionel a une connaissance exceptionnelle des meubles anciens ; il est passionné (voir l'étape 2) par tout ce qui a une histoire. L'idée qu'un meuble ait été témoin de plusieurs générations le fait rêver. Alors, comment en est-il arrivé à racheter une agence d'assurances ? « *Je ne sais pas ; ça s'est fait comme* ça… » Peut-on encore changer à quarante-quatre ans ? Oui et non. Oui, si on le veut ; non, si l'on préfère garder son rêve dans une partie de soi, sans y toucher.

En fait, dans certaines situations, il est confortable de se laisser porter par le courant, ou par les événements ; cela évite de prendre des initiatives, donc des risques conscients, et enlève une part de notre responsabilité en cas d'échec. On esquive ainsi les conflits avec son entourage, qui est parfois en désaccord avec son choix d'orientation. On pense que les choses finiront par s'arranger d'elles-mêmes, et cela évite d'avoir à se remettre en question. Autant jouer à la roulette, à l'EuroMillions ou à pile ou face…

Examinons à présent les questions suivantes :

— Question 1-20 : Si vous n'aviez pas décidé de lire ce livre, dans quelle situation vous trouveriez-vous entre les différentes options suivantes ?

1. En attente d'une proposition d'évolution dans votre structure (de la part de votre P-DG, gérant, N+1, DRH, etc.)…

2. En attente d'une réponse de votre direction à une initiative de votre part…

3. Vous ne vous êtes pas posé la question…

4. Vous n'entrevoyez pas de perspective d'évolution dans l'immédiat…

5. Une évolution récente s'est produite (dans votre structure actuelle ou à la faveur d'un changement d'employeur)…

6. Vous êtes sur la pente plus ou moins douce d'une sortie imposée, quelle qu'en soit la raison…

7. Vous avez déjà initié une modification de carrière…

8. Enfin, vous vous sentez prêt à repenser votre carrière dans son ensemble.

Votre réponse (une seule réponse possible) :

— Question 1-21 : Quelle que soit votre réponse à la question précédente, estimez-vous être en possession de tous les atouts et informations nécessaires pour réussir votre prochaine étape[1] ?

Oui – non

---

1 Si votre réponse à cette question est négative, il va vous falloir travailler pour optimiser vos atouts, ce qui implique que vous répondiez oui aux cinq questions suivantes !

— Question 1-22 : Êtes-vous décidé à ne plus être passif en ce qui concerne votre vie, votre *propre* vie ?

Oui – non

— Question 1-23 : Pensez-vous souvent au temps qui passe, notamment en France où la période d'employabilité est particulièrement étroite, puisqu'on est senior à partir de quarante-sept ans… ?

Oui – non

— Question 1-24 : Êtes-vous d'accord que le principe de l'ancienneté peut être pervers dans la mesure où les augmentations automatiques successives rendent les collaborateurs avec beaucoup d'ancienneté et n'évoluant pas trop onéreux par rapport au marché, trop rigides ou trop affaiblis pour changer d'environnement et *a fortiori* de métier ?

Oui – non

— Question 1-25 : Êtes-vous prêt à redonner du sens et de l'intérêt à votre carrière, puisque votre occupation professionnelle occupe entre 50 et 70 % de votre temps actif (ce qui n'est pas négligeable !)[1] ?

Oui – non

— Question 1-26 : Quitte à chercher des solutions, êtes-vous prêt à élargir votre réflexion et à ratisser large[2] ?

Oui – non

Dans tous les cas, et quelle que soit votre implication passée dans votre situation actuelle, vous savez que vous êtes responsable de vous-même, de ce que vous faites et de ce qui va se passer à l'avenir… Il vaut donc mieux investir de l'énergie

---

1. Soit entre trente-cinq et soixante heures, sans oublier le temps de réflexion personnelle sur un total de cent soixante-huit heures…
2. Si vous avez peur de vous retrouver au chômage pour quelque raison que ce soit, autant commencer à réfléchir dès à présent.

dans la prise en mains de votre avenir plutôt que jeter le blâme sur les autres (votre entreprise, l'environnement économique, le gouvernement, le ciel, etc.) en cas d'insatisfaction.

Attention : les petites évolutions successives que vous initiez ou acceptez (remplacements, mutations provisoires, missions *ad hoc*, changements d'équipe, etc.) peuvent être tentantes lorsqu'elles sont considérées séparément, mais elles risquent de vous éloigner globalement de votre objectif professionnel. En clair, une succession d'opportunités à court terme peut obérer votre carrière à moyen ou à long terme si vous n'y êtes pas attentif, même dans la structure qui vous emploie. On peut courir à sa perte à force de tout accepter.

À MÉDITER

Sophie, responsable marketing, accepte une mutation dans une filiale comme chef de projet sous l'autorité d'une directrice marketing qui connaît moins bien son métier qu'elle, et la bloque dans tous ses dossiers... Sa carrière est au point mort à cause de cette mutation « non stratégique » pour elle.

Isabelle, briguant un poste de directrice marketing dans une PME, accepte le poste de DRH à titre provisoire contre la promesse du gérant de récupérer sa fonction originelle après six mois. Deux ans et demi plus tard, elle est toujours DRH... Il fallait s'y attendre !

Votre activité actuelle vous satisfait-elle ?

Tout d'abord, le travail est un outil, non une finalité ; démystifiez-le, considérez-le sous l'angle d'une activité vous permettant d'expérimenter vos potentiels, vos fragilités, vos limites, et d'être en interaction avec les autres, etc.

Le travail est un outil de connaissance de soi, qui doit être en conformité avec votre évolution, vos aspirations, vos attentes.

Il génère non seulement un revenu sous forme de salaire, d'honoraires, de commission, ou de marge, mais permet également d'approfondir votre formation, d'acquérir des savoir-faire, de grandir en conscience et en compréhension.

À partir de ce revenu vous élaborez un cadre de vie, un niveau de confort. Mais vous prenez le risque de devenir esclave de ce confort, lorsqu'il obère votre capacité à vous remettre en question, à vivre de nouvelles expériences enrichissantes (dans le sens intellectuel du terme).

En cas de souffrance importante, si vous avez pris la décision de quitter votre poste, vous avez le choix entre partir de votre propre chef ou faire en sorte que ce soit votre superviseur, vos associés ou votre conseil d'administration qui appuient sur la gâchette. En fait, tout dépend de votre degré de préparation, du « *timing* » qui vous convient le mieux, de l'état de vos finances… et de votre audace.

Dans la majorité des cas vécus par nos clients en coaching, le départ doit être ressenti comme étant utile afin de résoudre les problèmes que l'on n'a pas encore pu régler au poste actuel. Nous examinerons cet aspect en détail dans l'étape 6, mais nous pouvons d'ores et déjà vous conseiller, dans le cas d'une situation insatisfaisante, de ne pas fuir avant d'avoir résolu vos problèmes de positionnement, de réactivité dans la difficulté, que l'origine en soit technique ou relationnelle. En effet, il y a de fortes chances que vous reproduisiez ailleurs des schémas similaires de comportement, de conflits relationnels, jusqu'à ce que vous les ayez identifiés, compris et réglés vous-même. De plus, si vous savez la partie perdue concernant votre poste, autant effectuer des expériences formatrices plutôt que rester sur la défensive, déclarer forfait, ou continuer de subir les événements…

Osez l'offensive – mesurée – pour être respecté. Utilisez chaque situation pour tenter des expériences nouvelles ! Cela vous aidera à grandir en confiance, à vous respecter vous-même, à devenir plus fort dans votre prochain job. Tactiquement, ce type de diversion vous aidera également à ne pas prolonger votre insatisfaction éternellement.

Quel est votre seuil critique de souffrance ?

Nous allons vous poser trois questions sur le plan physique destinées à déterminer à partir de quel stade vous devez évoluer ou vous remettre en cause, en soulignant que l'inaction ou la paralysie devant l'action sont également des sources de souffrance que votre corps doit gérer.

À MÉDITER

Brigitte a réalisé une première carrière commerciale dans la haute couture, sans toutefois trouver le genre de motivation qu'elle recherchait. Elle s'est alors lancée dans le consulting en développement commercial pour le compte d'un fabricant de parfums anglais haut de gamme qui avait un message à faire passer, une histoire à raconter. Puis emportée dans son élan, elle a créé sa propre structure de commercialisation et de distribution française pour le compte de plusieurs marques de parfums européennes. Après plusieurs années de souffrance, réalisant que la gestion quotidienne de son entreprise l'éloignait de sa vocation, elle a fermé sa structure et intégré un petit fabricant français de parfums qui l'a laissée libre de « mettre en scène » ses produits dans des sites prestigieux afin d'attirer une clientèle à la fois exclusive et exigeante. Aujourd'hui, elle est convaincue d'avoir enfin trouvé sa voie dans la « théâtralisation » de ses produits, un concept de commercialisation pour lequel elle était sans doute trop en avance il y a vingt ans, mais qui est désormais rentré dans les mœurs. Isabelle a fait preuve à la fois d'audace, de courage et de détermination. Mais la récompense est à présent au rendez-vous : elle est heureuse dans son travail.

— Question 1-27 : Sentez-vous que votre corps commence à réagir face à des insatisfactions (stress, fatigue, vulnérabilité à la grippe, aux virus, etc.) ?

Oui – non

— Question 1-28 : Votre corps montre-t-il des signes de faiblesse récurrente ou établie (maux de tête, douleurs abdominales ou dorsales, douleurs musculaires, moiteurs, respiration difficile, etc.) ?

Oui – non

— Question 1-29 : Enfin, votre corps vous freine-t-il dans la réalisation de votre travail (arrêts maladie, douleurs, manque de courage physique ou d'énergie) ?

Oui – non

EN PRATIQUE

Si vous pensez ne pas pouvoir modifier ou faire évoluer votre environnement, quittez-le avant qu'il ne vous étouffe.

Le risque de facilité dans la souffrance

Un des palliatifs classiques de la souffrance consiste à se plaindre pour accepter de subir une situation ou un état prolongé insatisfaisant. Oui, c'est vrai, le système actuel a tendance à enfermer les gens, à les rendre passifs, à les éloigner de toute notion d'idéal. On s'affranchit alors de son insatisfaction en « râlant », en se mettant en colère contre le *système* (en fait contre soi-même), en se défoulant sur les autres qui servent de cobayes pour la circonstance ; on s'amuse à jouer tous les personnages à la fois en prêtant aux autres des intentions imaginaires ; on fait monter la pression en soi et on développe alors une énergie négative.

Plus grave, la fatigue mentale représente une fatigue émotionnelle due à la combustion interne des énergies individuelles, selon Christian Target dans son livre *Manuel de préparation mentale* (Chiron, 2002). L'intelligence émotionnelle, dont il sera question plus loin, a tendance à diminuer imperceptiblement en raison d'un trop-plein de travail, de soucis, de déceptions.

Le problème avec la souffrance professionnelle prolongée, c'est que le corps ne suit pas, et qu'on l'épuise pour rien. Il faut laisser cela à ceux qui ne veulent pas changer, ou qui veulent gagner du temps encore et encore par manque d'audace (d'où le titre de ce livre...). Fort heureusement, les nouvelles générations, qui arrivent successivement sur le marché du travail, nous montrent l'exemple ; elles nous ont vus piétiner sur place, souffrir, hésiter et n'ont pas envie de reproduire les mêmes schémas.

EN PRATIQUE

Cessez de vous plaindre auprès des mauvaises personnes, celles qui n'y peuvent rien, qui écoutent patiemment et qui vous font du tort inconsciemment en vous permettant de vous défouler alors que vous devriez vous reprendre en mains en orientant votre énergie vers un projet qui vous convient et pourra vous rendre plus heureux.

L'importance vitale d'entrevoir le bout du tunnel

Il peut être difficile à vivre de sentir qu'il n'y a pas d'issue. Si l'on cumule charge de famille, emploi fatigant ou stressant, allers-retours au travail longs et pénibles, travaux ménagers et administratifs pesants, heures de sommeil insuffisantes, on a tous les ingrédients pour faire naître une lassitude qui va se transformer en déprime. Si l'on y ajoute une menace de mutation dans une région éloignée de son noyau familial et/ou la difficulté à retrouver un emploi dans son environnement immédiat, on frôle la « totale »... Sauf si...

Sauf si vous prenez votre courage à deux mains et décidez de ne plus subir votre sort, mais de construire quelque chose qui vous convient. Cela peut être parallèle à votre activité professionnelle principale, ou remplacer ce que vous faites actuellement. La solution doit être à la fois adaptée à votre situation du moment « et » vous permettre d'entrevoir l'avenir de façon sereine.

Si vous travaillez sur un projet, si vous prenez des contacts pour le tester en vue de le réaliser le moment venu, l'espoir renaîtra en vous. Votre projet sera peut-être artistique, culturel ou social ; il n'y a que vous qui puissiez le déterminer. Mais il doit vous permettre de vous échapper mentalement de votre quotidien qui est trop lourd à supporter longtemps. Nous l'avons déjà évoqué et nous y reviendrons : il n'y a pas de plus grande source de satisfaction que de consacrer de l'énergie à ceux qui en ont encore plus besoin que vous : associations caritatives, aides humanitaires, groupes de support auprès des demandeurs d'emploi.

— Question 1-30 : Avez-vous le sentiment d'une grande lassitude, sans doute issue de désillusions ou d'insatisfactions successives au point de décider de vous lancer dans de nouveaux défis ?

Oui – non

Avez-vous déjà un projet professionnel ?

Supposons que vous soyez prisonnier d'une routine que vous avez créée – ou laissé s'instaurer – dans votre vie professionnelle. Supposons que vous ayez la sensation diffuse de plafonner, de faire toujours la même chose, de traiter encore et toujours les mêmes problèmes, de répéter les mêmes arguments avec vos collègues… Demandez-vous comment débloquer la situation, quel but rechercher, et quels moyens vous donner. Vous pouvez commencer par des objectifs limités, les traiter en séquences, définir de petits changements pour vous roder, puis viser un objectif plus ambitieux à moyen terme, pour enfin servir votre idéal.

EN PRATIQUE

Si votre projet professionnel n'est pas encore clarifié dans votre esprit et que vous êtes actuellement sans emploi, il est mentalement vital de rester actif, soit en montant un projet transitoire, soit en acceptant des responsabilités bénévoles mais prenantes, soit encore en s'adonnant à des activités artistiques (peinture, musique, sculpture, théâtre, etc.). En effet, l'inactivité entraîne une diminution de la confiance en soi, qui à son tour réduit vos chances de trouver un nouveau poste ou de convaincre votre environnement de la qualité de votre projet.

Envie de progresser

Vous voulez progresser ? Apprendre de nouvelles techniques pour être plus performant ? Proposer des modes opératoires plus rapides, plus efficaces ? Obtenir plus d'implication et de contribution de la part vos collaborateurs ? FAITES-LE À PRÉSENT !

Choisissez les formations qui vous conviennent, pas celles que l'on trouve dans les grands supermarchés de la formation où l'on refuse l'« atypisme » par souci de rester dans le politiquement correct... Allez chercher des formateurs originaux, précurseurs, hors les sentiers battus. Rencontrez des chercheurs ou faites-les intervenir dans votre entreprise si vous en êtes un des dirigeants, pour qu'ils exposent leur philosophie. L'ancien président américain Bill Clinton invitait régulièrement des chercheurs, des penseurs, des philosophes à la Maison-Blanche pour des dîners en petit comité.

De toute façon, si vous ne vous ouvrez pas sur de nouveaux horizons, vous serez rapidement dépassé ; vous êtes condamné (!) à progresser, à améliorer ce que vous faites, à vous remettre en question pour atteindre la fameuse excellence des sportifs de haut niveau… Henry Ford disait : « *On est vieux quand on arrête d'apprendre.* »

Envie de changer

Là c'est différent : vous en avez assez et avez fait le tour de la question et, par opposition à la situation du paragraphe ci-dessus, vous n'entrevoyez pas de solution par la progression linéaire ; il vous faut une rupture, une disruption.

Vous faites partie de la direction commerciale depuis six ans ? Vous êtes assistant-contrôleur de gestion depuis quatre ans ? Vous faites du marketing opérationnel depuis deux ans ? Vous êtes directeur d'un supermarché depuis trois ans ? D'une filiale de groupe industriel depuis onze ans ? Vous avez envie de changer d'air (même dans votre entreprise actuelle), d'exploiter vos talents dans un domaine nouveau pour vous, de relever de nouveaux défis…

EN PRATIQUE

Comme on ne vit qu'une fois (sauf preuve du contraire), pourquoi ne pas réfléchir aux domaines que l'on trouve passionnants et décider soi-même de sortir de l'immobilisme ?

Le trading international vous tente ? Vous voudriez passer quelques années à l'étranger ? Changer de région ? Rejoindre une start-up ou une PME pointue créée par un illuminé génial, mais moins bien organisé que vous ou mauvais vendeur ? C'est le moment de réfléchir en toute liberté, sans barrières, ni *a priori* ni contraintes. Nous verrons plus loin comment aborder concrètement le changement, du plus léger au plus radical, mais dans tous les cas, une envie de changer ne doit surtout pas être sous-estimée, ignorée ou refoulée.

La *mind map* X regroupant vos centres d'intérêt possibles vous est proposée dans le cahier central :

a) Pourriez-vous classer toutes les options listées en leur donnant une valeur de 0 à 10 ?

b) Pourriez-vous sélectionner les trois options que vous préférez et additionner leur valeur ?

c) Pourriez-vous enfin effectuer le total des trois activités principales qui correspondent à votre métier actuel (ou le dernier en date) et le comparer au total trouvé en b) ?

Statut administratif

Il nous semble utile d'analyser le statut d'auto-entrepreneur, créé en 2008, car il vous permet de lancer une nouvelle activité sans abandonner votre occupation principale, sans investissement financier, sans frais de fonctionnement minimums, ni suivi administratif lourd…

Voici quelques éléments statistiques provenant d'une étude de l'INSEE en 2010 :

— Trois auto-entrepreneurs sur quatre n'auraient pas créé d'entreprise sans ce régime (sur un total de cent quatre-vingt-dix mille demandes d'immatriculation).

— Deux raisons principales motivent leur immatriculation : développer une activité de complément (40 %) et assurer leur propre emploi (40 %). Parmi les autres raisons fréquemment citées, la volonté de tester un projet (29 %) nous a semblé particulièrement significative.

— Deux informations supplémentaires sont à noter : deux auto-entrepreneurs sur cinq étaient salariés du privé et un tiers chômeurs.

— 50 % des auto-entrepreneurs se sont engagés dans une activité différente de leur métier de base.

— Quatre secteurs sont principalement choisis par les auto-entrepreneurs : les activités de soutien et de conseil aux entreprises (25 % des auto-entreprises créées), le commerce (21 %), les services aux ménages (17 %) et la construction (15 %).

EN PRATIQUE

Attention ! Le ministère de l'Artisanat, du Commerce et du Tourisme souhaite limiter la durée de ce statut à vingt-quatre mois. Dans cette hypothèse, il ne s'agira plus que d'une solution provisoire. Parallèlement, le montant total sur deux années du chiffre d'affaires réalisé va être revu à la baisse, et les prélèvements URSSAF ont déjà été relevés de 18,6 % à 21,5 %.

Mobilité

Le moins qu'on puisse dire est que la France n'est pas connue pour faire preuve d'une grande mobilité, surtout en métropole… Un tableau suffit à remplacer un long discours :

Taux de mobilité selon les caractéristiques des salariés (en %)	
Source : Insee, DADS 2007-2008	
	En pourcentages
Hommes	16,0
Femmes	13,4
15 à 29 ans	25,4
30 à 44 ans	14,0
45 ans ou plus	10,2
Manœuvres-ouvriers non qualifiés	24,7
Employés	14,3
Ouvriers qualifiés	14,5
Professions intermédiaires	14,3
Cadres et professions intellectuelles supérieures	13,0

En effet, la mobilité est faible non seulement en ce qui concerne les déménagements liés à des changements de poste, mais également pour les voyages d'affaires prolongés (supérieurs à cinq jours). Combien de nouveaux postes, combien de promotions sont refusés chaque année en France pour des raisons de confort familial parmi nos clients ? Environ un tiers d'entre eux – y compris les plus jeunes – refusent de passer la semaine en dehors de leur foyer. Citons l'exemple d'Arnaud, brillant ingénieur de trente-trois ans, qui a refusé un poste d'avenir à Bruxelles de peur de perdre son ancienneté. Par contraste, dans un pays aussi étendu que les États-Unis, les migrations font partie intégrante de la vie professionnelle, et peu d'opportunités sont refusées pour des raisons de distance géographique.

En ce qui concerne l'appel de l'étranger, les Français sont également moins nombreux que les Allemands et les Anglais à y répondre malgré l'internationalisation croissante des universités et des grandes écoles (à part les stages à l'étranger souvent obligatoires) ; or, 25 % des diplômés trouvent leur premier emploi à l'étranger. C'est une question de choix personnel, mais qui conditionne l'évolution de notre carrière...

EN PRATIQUE

Si vous avez le goût de l'aventure, si vous aimez le mouvement, si vous parlez des langues étrangères, si votre vie privée vous permet de vous déplacer, profitez-en pour envisager une carrière moins casanière que vos amis !

Trouver votre place dans le système

Chacun de nous a les moyens de contribuer au fonctionnement du système économique en s'intégrant dans un des maillons existants ou à créer. Mais lequel ? Certains l'identifient dès la naissance dans leur environnement, d'autres par l'expérience... Ainsi, le petit Jean-Sébastien et le petit Wolfgang Amadeus auraient-ils fait de bons ébénistes avec le père qu'ils avaient ?

— Question 1-31 : En considérant la chaîne complète d'un objet de sa conception jusqu'à son arrivée chez le consommateur final, quel rôle aimeriez-vous jouer parmi les treize maillons mentionnés ci-après, en supposant qu'ils soient tous indépendants les uns des autres ?

Prenons le cas d'un tabouret en bois. Le propriétaire d'une forêt (1) vend des arbres à une scierie (2) ; un menuisier (3) traite le bois et le prépare à être utilisé comme meuble ; parallèlement, un designer (4) conçoit les plans d'un tabouret original ; ce dernier vend ses plans à un ébéniste (5) ; lequel fabrique le tabouret ; un acheteur *free lance* (6) prend une commande de x tabourets pour un grossiste (7) ; celui-ci les fait stocker dans un entrepôt indépendant (8) ; le grossiste prend des commandes chez un magasin de meubles (9) ; lequel fait passer de la publicité dans la presse écrite (10) ; l'acheteur final vient acheter un tabouret à un vendeur du magasin (11) et se fait livrer par une société de transport (12) et les banques (13) assurent les financements.

Votre réponse : maillon n° …

Pourquoi ne pas adopter une approche empirique ?

Vous n'avez pas encore identifié votre vocation, votre finalité professionnelle ? Vous vous cherchez ? Vous êtes comme celui qui n'a pas trouvé l'homme ou la femme de sa vie ? Alors vous vous résignez ou vous continuez de chercher (*quaerendo invenietis…* comme disaient les anciens : c'est en cherchant que tu trouveras).

Le ratio « résultat obtenu : temps qui passe » vous donne la clé du système : après quoi courez-vous et à quelle échéance ? À partir de quel stade estimez-vous qu'il est temps de vous poser ? Il n'y a que vous qui puissiez appliquer votre solution. L'important est de ne pas avoir de regrets, dans un sens comme dans l'autre. Souvenez-vous de nos commentaires précédents sur le conditionnel passé…

Et si le plaisir chez vous, votre recette du bonheur était plus dans le fait de faire des essais, de tenter des expériences, que dans les résultats eux-mêmes ? Le *process*, plutôt que la *bottom line* ? Par exemple, utiliser un bateau à moteur pour aller d'A à B, ou voguer sur un voilier pour le plaisir de naviguer d'A à A ?

À MÉDITER

La première condition à l'avancement de votre projet, c'est d'éviter de tomber dans le piège de l'ancrage négatif, qui consiste à s'appuyer sur des expériences ou des situations difficiles vécues dans le passé en créant un lien de cause à effet fictif pour le futur. L'ancrage est un blocage indirect, qui permet de s'affranchir de toute audace pour presque rien. Fort heureusement, ce n'est pas votre cas. Il vaut mieux inventer votre avenir par un ancrage positif, en évoquant des situations de succès, de réussite, déclenchant des initiatives.

Avec les tests que nous allons vous proposer dans l'étape 2, vous devriez pouvoir discerner ce qui vous convient le mieux dans le travail.

L'approche empirique consiste à se concentrer en premier lieu sur ce qui vous pèse vraiment, ce que – idéalement – vous voudriez arrêter de faire, avant d'essayer de nouvelles voies une à une par attirance décroissante, jusqu'à ce que vous trouviez la vôtre, la voie qui vous correspond vraiment.

Pour cela, examinons le cheminement suivant :

1. Au mieux, vous vous ennuyez dans votre job, au pire c'est une corvée terrible.

2. Vous décidez que ce n'est plus possible.

3. Vous listez ce que vous ne voulez plus faire (sans trop insister sur cet aspect).

4. Mais vous ne savez pas encore ce que vous voulez vraiment faire.

5. Vous commencez à vous intéresser à votre passé, à votre enfance, à vos hobbies.

6. Vous décidez de tenter une première expérience dans une nouvelle direction : musique, communication, marketing, gestion de fortune, bref ce qui vous attire depuis longtemps…

7a. Cela vous plaît et vous êtes crédible ; votre projet est lancé ; vous poursuivez, car vous pourrez évoluer dans le futur. Pourquoi s'arrêter là ?

7b. Cela ne fonctionne pas ; vous n'êtes pas convaincu que ce soit la voie idéale pour vous.

8. Vous cherchez autre chose ; vous testez, vous vous renseignez, vous faites des simulations…

9. Vous vous lancez une nouvelle fois.

10. Et ainsi de suite jusqu'à ce que vous ayez trouvé « votre » voie.

Parfois, pour suivre sa voie, on peut avoir l'impression qu'il faille faire preuve de beaucoup (trop ?) de qualités, qui sont souvent antinomiques… Peu importe ! Personne ne peut les avoir toutes…

Voici les principales, dont nous reparlerons plus loin :

- un mental de champion olympique ;
- un niveau d'audace supérieur à la moyenne des individus ;
- une détermination renforcée par une persévérance sans faille ;
- une créativité permanente ;
- un bon sens paysan ;
- une patience de pêcheur breton ;
- une ambition réaliste.

— Question 1-32 : Laquelle ou lesquelles vous octroyez-vous parmi la liste ci-dessus ?

Puis il va falloir envisager des concessions : quels efforts êtes-vous prêt à faire pour rechercher, puis exercer le métier qui vous tient à cœur ? N'avez-vous pas trop d'exigences, quitte à prolonger votre déception ? De quels types d'exigence s'agit-il ? En France, on parle de proximité avec son lieu de travail, des avantages sociaux, de l'ancienneté, etc.

À MÉDITER

Après plusieurs années dans une entreprise dynamique, Eddy a préféré démissionner plutôt qu'accepter une promotion qui l'obligeait à passer la semaine loin de chez lui pendant un à deux ans. Il n'a jamais pu retrouver de responsabilités à sa dimension et sa carrière s'est transformée en une suite de postes peu valorisants et mal payés.

Vous trouverez dans le cahier central la *mind map* IX qui fait ressortir le degré d'intérêt que l'on retire de chacune des activités que l'on poursuit depuis l'enfance. Les exemples personnels de l'auteur et de Pierre Mongin sont reproduits à titre d'illustration. Si vous remplissez le tableau pour vous-même, vous en apprendrez beaucoup sur ce qui vous motive vraiment.

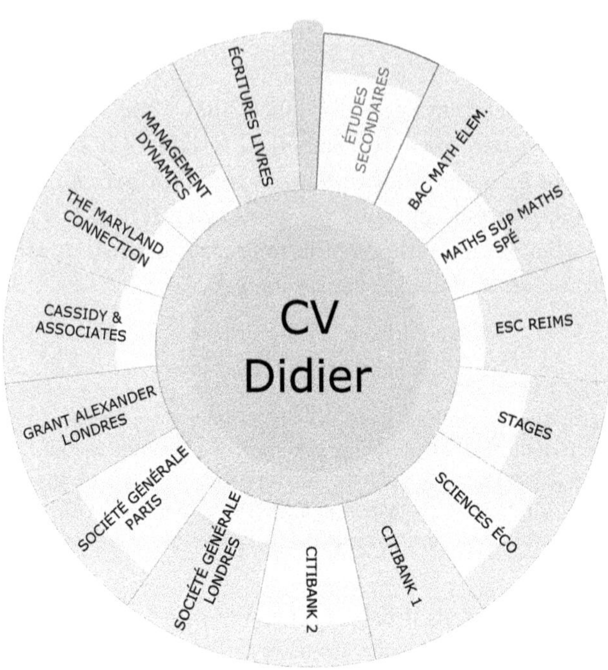

L'importance de la zone grise révèle le degré d'intérêt trouvé dans chaque activité mentionnée : Importance **100 %**   Progression **62 %**

	Importance	Progression
Études secondaires	6 %	25 %
BAC Math élem.	7 %	51 %
Maths sup maths spé	6 %	50 %
ESC Reims	7 %	82 %
Stages	7 %	51 %
Sciences éco	7 %	24 %
Citibank 1	6 %	100 %
Citibank 2	7 %	26 %
Société générale Londres	7 %	75 %
Société générale Paris	7 %	25 %
Grant Alexander Londres	6 %	100 %
Cassidy & associates	7 %	74 %
The Maryland Connection	6 %	76 %
Management dynamics	6 %	74 %
Écritures livres	7 %	100 %

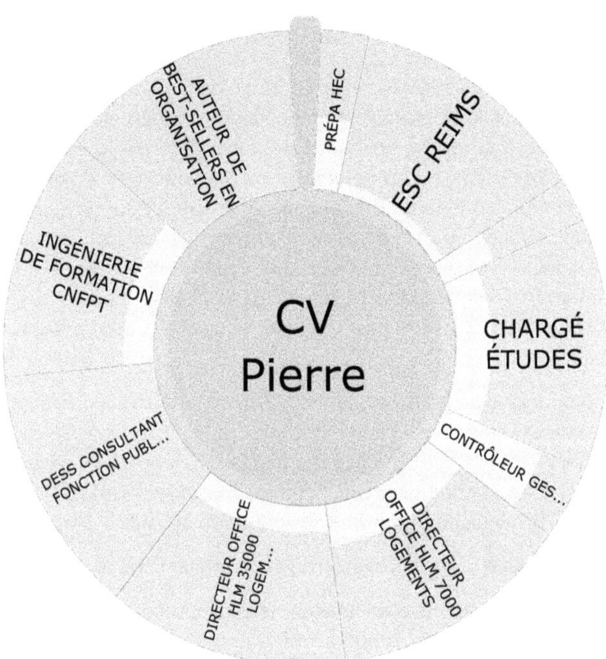

CV Pierre (la zone grise indique le degré de satisfaction dans le poste) :
Importance **100 %**   Progression **83 %**

	Importance	Progression
Prépa HEC	3 %	55 %
ESC Reims	13 %	93 %
Stages	2 %	64 %
Chargé études	13 %	76 %
Contrôleur gestion	4 %	30 %
Directeur Office HLM 7 000 logements	13 %	73 %
Directeur Office HLM 35 000 logements	13 %	83 %
DESS Consultant Fonction publique	13 %	100 %
Ingénierie de formation CNFPT	13 %	80 %
Auteur de best-sellers en organisation	13 %	99 %

À RETENIR

Nous venons de passer en revue les principaux paramètres de votre situation actuelle et avons commencé à vous présenter les éléments nécessaires à la reprise en mains de votre destinée. C'est précisément cette posture qui va nous servir de fil conducteur à partir d'ici. Toutefois, disons-le tout de suite : que vous optiez pour un *statu quo*, ou au contraire que vous décidiez de découvrir votre vocation, laisser libre cours à votre ambition telle que vous l'avez imaginée depuis longtemps, voire simplement prendre conscience que le cours des choses ne vous convient plus en l'état, vous allez devoir affronter la réalité.

La souffrance d'un côté, la volonté de l'autre : il faut du courage dans les deux cas, mais c'est à vous de choisir en connaissance de cause ; c'est le niveau de votre audace qui fera la différence… En reprenant vos réponses aux questions précédentes, vous devez à présent être en mesure de mieux comprendre votre situation actuelle :

— Est-elle issue d'une volonté farouche d'arriver là où vous êtes ?

— Est-elle la résultante d'un amalgame de décisions gérées et subies, de stratégie de carrière, d'opportunités et d'événements fortuits ?

— Ou est-elle entièrement guidée par l'environnement proche ou éloigné ?

Enfin, nous avons évoqué la notion de vente, c'est-à-dire ce que vous vendez vraiment : une expertise en comptabilité ? Des connaissances en droit social ? La capacité à résoudre des problèmes techniques, administratifs ou humains ? Des services ou des produits ? De toute façon, vous vendez obligatoirement quelque chose. Nous y reviendrons à l'étape 4.

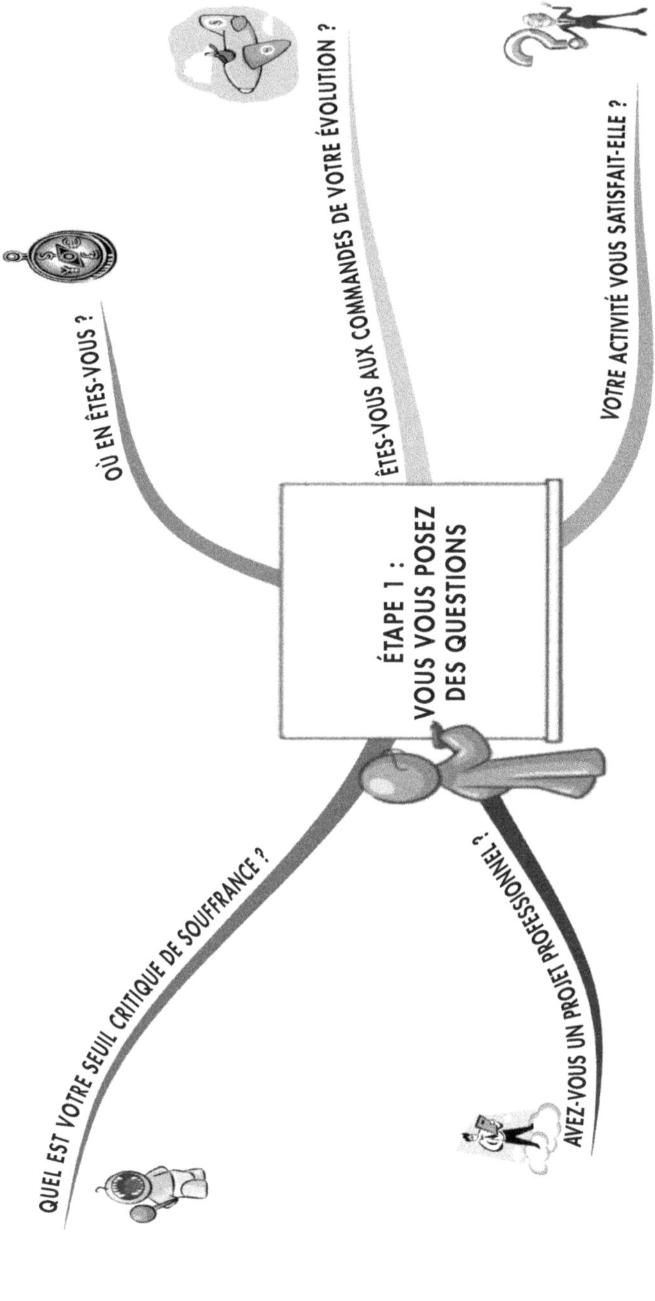

OÙ EN ÊTES-VOUS ?
ÊTES-VOUS AUX COMMANDES DE VOTRE ÉVOLUTION ?
VOTRE ACTIVITÉ VOUS SATISFAIT-ELLE ?
ÉTAPE 1 : VOUS VOUS POSEZ DES QUESTIONS
QUEL EST VOTRE SEUIL CRITIQUE DE SOUFFRANCE ?
AVEZ-VOUS UN PROJET PROFESSIONNEL ?

Êtes-vous sûr de bien vous connaître ?

« Il existe de par les chemins une race de gens qui, au lieu d'accepter une place que leur offrait le monde, ont voulu s'en faire un tout seul, à coup d'audace et de talent »
Jules Vallès

Quels sont vos atouts ?

Il est difficile, voire impossible de connaître ses potentiels à 100 %, ou de savoir de quoi l'on est capable, car cela dépend de chaque situation particulière. Cependant, au cours de cette étape vous devez chercher à mieux identifier vos passions, vos dons, vos compétences, vos talents…, afin à la fois d'y voir plus clair en vous, de mieux connaître vos atouts et votre valeur personnelle, et – surtout – de vous accepter tel que vous êtes.

Nous allons donc vous aider à préciser les traits de votre personnalité qui contribuent – ou doivent contribuer – à votre réussite et à votre réalisation professionnelle, tels que vous les percevez vous-même, tels que les résultats des tests proposés les identifient, et tels qu'ils sont perçus par votre environnement. En effet, comprendre ses propres traits de personnalité permet de ne pas projeter *ses attentes en vain sur ses collègues, son supérieur hiérarchique, ses fournisseurs, ses prestataires de services, etc., mais sur soi-même.*

Passions, compétences, dons et talents

C'est la clé de voûte de votre personnalité, de votre équilibre personnel, de votre avenir. C'est pourquoi nous allons les étudier avec soin dans les paragraphes qui suivent.

Vos passions

« Quoi de plus agréable que d'aller chez "son" libraire ? Car le libraire, lui, a quelque chose qui change tout : des yeux passionnés[1]. » Vous êtes passionné ? Vendez de l'enthousiasme, car c'est un moyen irrésistible de relayer votre passion. Et tant pis pour ceux qui ne sont pas intéressés. Cela veut dire qu'ils ne vous ont pas compris. En fait, on choisit, on recommande quelqu'un en fonction du degré de passion qu'il transmet : médecin, avocat, consultant, décorateur, mécanicien, etc.

À MÉDITER

L'auteur cherche un professeur de piano à Montmartre pour préparer un récital caritatif. Il trouve quatre pianistes dans les Pages jaunes ; les trois premiers expliquent qu'ils peuvent donner des cours isolés, mais ne lui demandent pas ce qu'il a prévu de jouer ; il n'a qu'à venir chez eux et on verra ce qu'on peut faire… La quatrième lui demande tout de suite le nom d'une des œuvres au programme, en choisit une, et la joue immédiatement en posant son téléphone sur le piano. Elle lui demande ensuite si c'est ainsi qu'il la « sent » ?

---

1. Lu sur Internet.

Voilà la passion : naturelle, immédiate, puissante. En fait, il s'agissait d'une grande pianiste roumaine, Dana Ciocarlie, qui réalise une très belle carrière internationale ; une personne passionnée est intensément vivante, pétillante et convaincante, forte face aux difficultés rencontrées ; car exprimer une passion attire plus facilement l'adhésion des autres. Être habité de l'intérieur permet d'irradier une énergie positive vers l'extérieur.

Quels facteurs trouve-t-on généralement chez une personne passionnée ? Citons-en six, qui nous semblent prépondérants :

- une énergie décuplée par l'intérêt porté à une activité ou un secteur ;
- une variété d'émotions fortes et parfois extrêmes ;
- un besoin de vivre sa passion (et donc de se mettre en mouvement) ;
- une envie de la partager avec d'autres (d'où le besoin d'interaction et la facilité à rencontrer des personnes) ;
- un révélateur de potentiel, voire de talent ;
- un lien fort qui permet de s'accrocher à la vie, car la passion donne du sens à la vie.

— Question 2-1 : Vous sentez-vous animé d'une passion particulière ?

Oui – non

— Question 2-2 : Si oui, laquelle ?

Votre réponse :

— Question 2-3 : Dans l'affirmative, l'avez-vous exploitée, travaillée, renforcée pour la transformer en plus-value « commerciale » ?[1]

Oui – non

---

1. Nous aborderons la notion de plus-value commerciale à l'étape 6.

— Question 2-4 : L'avez-vous reliée à votre activité professionnelle ?

Oui – non

À MÉDITER

C'est une équipe passionnée qui a conçu la première Twingo en reprenant un maximum de composants provenant d'autres modèles Renault, car leur budget était ridiculement faible…

— Question 2-5 : Est-ce envisageable ?

Oui – non

— Question 2-6 : À quelles conditions ?

Votre réponse :

Question 2-7 : Posez-vous cette question classique : qu'aimiez-vous faire lorsque vous étiez petit ? Quels étaient vos hobbies ? Votre passe-temps préféré ? Le métier dont vous rêviez ?

Votre réponse :

Réfléchissez aux membres de votre famille qui ont pu vous décourager, car ils ne partageaient pas vos passions…

Alors, que font ceux parmi vous qui n'ont pas – encore – trouvé de sujet de passion, ou qui n'en ont plus, car ils sont devenus désabusés par les événements ou les difficultés rencontrées ? En général, ils s'investissent à fond dans leur travail afin de combler ce manque par de l'acharnement à réussir ce qu'ils font, même au détriment de leur environnement proche. La passion est alors remplacée par une sorte de frénésie professionnelle, de perfectionnisme excessif qui, lorsqu'elle est associée à des responsabilités managériales, conduit à affaiblir la personnalité de leurs collaborateurs et à leur faire perdre confiance en eux…

En fait, la passion correspond à un trait de personnalité :

— À un extrême, on trouve le généraliste, passionné par tout, qui possède une culture très large, dans des domaines artistiques, musicaux, économiques ou politiques, mais est peu attiré par un sujet en particulier...

— À l'autre extrême, on trouve le spécialiste qui ne connaît que le domaine dans lequel il est passionné, mais qui sait tout, ou presque tout sur son sujet, car il le travaille, l'enrichit en permanence en participant activement à tout ce qui y a trait.

À MÉDITER

Voici des exemples relatifs à l'Histoire :
- Généralistes reconnus : Alain Decaux, Raymond Aron.
- Spécialistes reconnus : Jean Tulard, passionné de Napoléon et qui en a fait sa spécialité à titre professionnel ; Hélène Carrère d'Encausse, experte sur la Russie...

Vos compétences

Vos compétences ont trait à la qualité de votre travail et à l'efficacité avec laquelle vous l'effectuez sur le plan technique (production, logistique, qualité, administration, comptabilité, etc.) ou relationnel (négociations, vente, management, etc.).

En revanche, le fait que vous portiez de l'attention aux détails, que vous fassiez preuve de beaucoup d'énergie, que vous coopériez bien avec les gens, que vous montriez de la détermination, etc. n'est pas une compétence. En réalité, ce qui importe le plus, ce sont les compétences dites *transférables* lorsque vous êtes promu ou muté, ou encore lorsque vous changez de métier ou d'orientation.

Examinons trois domaines de compétences transférables.

— L'information : synthétiser, coordonner, innover, analyser, structurer, copier, comparer.

— La relation : accompagner, négocier, donner des instructions, diriger, superviser, persuader, parler, servir, aider, signaler, prendre des instructions.

— Les tâches : organiser, contrôler, faire fonctionner, manipuler, traiter des dossiers, effectuer un travail de précision.

Le principe consiste à partir de vos principales compétences transférables, et de les lister par ordre décroissant : plus elles sont importantes ou élevées, plus vous aurez de liberté dans votre job, et moins vous rencontrerez d'opposition… Dans l'idéal, il faudrait concevoir un job pour vous seul, qui n'existe pas encore, et pour lequel vous n'auriez pas de concurrent… C'est assez rare, mais pas impossible !

EN PRATIQUE

Pour vous aider à trouver vos compétences transférables : commencez par dresser une liste écrite d'expériences passées, de choses qui vous sont arrivées, comment vous les avez traitées, ce que vous avez fait qui vous a le plus plu, ou qui vous a rendu fier, ce que vous avez appris ou retenu. Un paragraphe par anecdote suffit. Lorsque des compétences sont listées plusieurs fois, cela indique qu'elles sont réelles.

Vos dons et vos talents

« I'm not particularly good at anything, I just like to bring people with great talents together and see what's going to happen »[1]
Carroll Shelby, célèbre constructeur américain de voitures de course

Commençons par les dons, qui sont des talents potentiels s'ils sont travaillés, prolongés, transformés. Encore faut-il que

---

1   « Je ne suis pas patriculièrement doué pour quoi que ce soit. J'aime juste rassembler des personnes très talentueuses et voir ce que ça va donner. »

les parents, les enseignants, puis plus tard les employeurs… sachent les déceler et les faire fructifier, ce qui n'est pas systématiquement réalisé en dehors du monde du sport ou de l'art.

S'il n'est pas transformé, le don, c'est un peu du gâchis. Le champion espagnol de tennis Rafael Nadal serait-il devenu *Nadal* s'il n'avait pas été « coaché » ? Le problème du don est que s'il n'entre pas dans la catégorie des activités voulues – ou favorisées – par les parents, il va rester enfoui profondément en soi. Et on passe ainsi, souvent inconsciemment, à côté de sa vraie vocation, sauf en cas de lutte assidue de la part de l'enfant ou de l'adolescent.

À MÉDITER

Amelia est passionnée de mode et de haute couture depuis qu'elle sait lire… Elle collectionne les revues, découpe les photos de ses modèles préférés. Ses parents montrent un profond désintérêt pour cette passion… Lorsqu'elle passe son bac, Amelia annonce qu'elle souhaite s'orienter vers la haute couture (Esmod ou Marangoni). Pourtant, ses parents l'inscrivent quand même dans une école de commerce. Au bout d'un an et demi de calvaire, la jeune fille insiste pour quitter son école. Finalement, ses parents cèdent de mauvaise grâce. Elle intègre Marangoni et est heureuse : elle fait enfin ce qu'elle aime et elle aime ce qu'elle fait.

Dans les domaines de la musique, des langues étrangères ou du sport, les dons non encouragés peuvent mener à l'abandon (en un seul mot…). Quelquefois, c'est le fait des professeurs. Combien de fois avez-vous entendu dire : « Mon fils/ma fille a abandonné, car il/elle n'aimait pas son prof ! » Une vocation potentielle gâchée à cause d'un enseignant ? Quelle tristesse…

La réalisation simple par les salariés des tâches nécessaires n'étant plus suffisante pour assurer la compétitivité des structures qui les emploient, la notion de talent commence à prendre une place prépondérante dans l'évaluation des potentiels de tout professionnel, de haut en bas de l'organigramme. On revient donc vers la notion d'élitisme, non pas idéologique ou politique, mais pragmatique...

Aujourd'hui, dans un recrutement, on commence tout juste à s'intéresser aux talents des candidats et pas uniquement à leur formation ou leur expérience dans les domaines concernés. À titre d'exemple, on peut avoir la fibre commerciale indépendamment de la formation que l'on a suivie... Certains recrutements intègrent désormais des exercices concrets destinés à révéler les talents cachés des candidats, comme l'aptitude à travailler sous tension, effectuer des contrôles, travailler en équipe, etc.

EN PRATIQUE

Malheureusement, nos talents restent, pour la majorité d'entre nous, un immense potentiel inexploré. Alors, comment les identifier ? Par une volonté tenace d'évoluer, de progresser d'une part, et par un investissement en temps et en énergie pour y arriver d'autre part.

Bilan-flash

Le « bilan-flash » désigne une formule créée en 2004 par l'auteur : pendant deux heures, un tandem d'experts en orientation de carrière formés à cette technique (en général un coach et un psy) vous incite à parler de vous de façon spontanée jusqu'à ce que vous fassiez ressortir les qualités qui vous caractérisent le mieux.

Pour se faire, le point de départ est constitué d'un questionnaire en dix points à préparer à l'avance par écrit et qui va servir de base à une discussion au rythme soutenu, afin que vous n'ayez pas le temps de réfléchir aux questions qui vous sont posées immédiatement après chacune de vos réponses.

Vous prenez vous-même vos notes afin de pouvoir les relire, les assimiler et les exploiter en vue, d'une part, de mieux comprendre vos atouts professionnels et, d'autre part, d'être en mesure de les mettre en avant lorsque vous serez en présence d'employeurs ou d'associés potentiels dans le cadre de vos prochains projets.

Les dix questions sont les suivantes :

1. Pouvez-vous citer la ou les réalisations dont vous êtes le plus fier depuis que vous travaillez ? D'après vous, quelles sont vos qualités et compétences qui y ont contribué ?

....

....

2. Et celle ou celles dans lesquelles vous vous êtes particulièrement fourvoyé ?

....

....

3. Quels sont les types de travaux que vous préférez faire, c'est-à-dire ceux pour lesquels le temps ne compte pas pour vous ? Cela inclut les activités qui vous attirent, sans qu'on ne vous le demande, ainsi que les sujets qui vous passionnent et dont aimez discuter.

....

....

4. Et ceux qui vous ennuient le plus ou que vous détestez faire ?

....

....

5. Quelle réputation pensez-vous avoir (votre réponse en trois points pour chacun des groupes) ?

— auprès de vos superviseurs :

— auprès de vos collègues ou vos pairs :

— auprès de vos collaborateurs :

6. Dans quelles situations savent-ils que vous résoudrez le problème vite et bien ?

....

....

7. Dans quelles situations savent-ils que vous résoudrez le problème lentement et mal ?

....

....

8. Êtes-vous plus à l'aise pour résoudre des problèmes (1), organiser le travail quotidien (2) ou gérer des projets (3) ?

....

....

9. Pourquoi ? Donnez des exemples.

....

....

10. Enfin, si l'on vous laisse le choix de prendre le poste que vous voulez dans une multinationale comme Coca-Cola, que choisissez-vous ? Pour quelles raisons ?

....

....

À l'issue de cette séance de deux heures, vous vous connaîtrez mieux, car vous aurez découvert des talents que vous ne soupçonniez pas ou auxquels vous n'accordiez pas de valeur particulière, et vous aurez pris conscience de votre valeur professionnelle fondée sur des faits réels et vos propres expériences[1].

---

1   Une liste d'experts en bilans-flashs agréés par l'auteur peut vous être envoyée à la demande.

Epcilon®[1]

Également mise au point par l'auteur lorsqu'il codirigeait un cabinet d'*outplacement*, cette formule permet de combler un fossé important dans la communication entre candidat et recruteur. L'idée provient du constat qu'à l'issue d'un entretien, les candidats à un poste n'arrivent généralement pas à obtenir de leurs interlocuteurs une critique objective, professionnelle, complète et constructive de leur prestation, qu'il s'agisse d'employeurs potentiels ou de consultants en recrutements.

Or, lorsque l'opportunité vous est offerte de participer à quatre ou cinq entretiens d'embauche, vous avez potentiellement à votre disposition une triple mine d'informations : sur vous-même, sur votre prestation et sur votre adéquation avec le poste concerné. Malheureusement, pour une multitude de raisons, dont la réticence à polémiquer avec vous, ou à faire des commentaires qui pourraient les desservir, les recruteurs ne souhaitent pas s'engager dans des considérations personnelles, donc non prouvables, défendables ou justifiables. Ils restent donc dans le politiquement correct, et de ce fait vous ne bénéficiez pas des informations qui vous seraient justement le plus utile !

Le procédé **Epcilon®** consiste à obtenir des retours objectifs, désintéressés et anonymes à l'issue de chaque entretien d'embauche, selon le schéma suivant :

1. Au début de chaque entretien, demandez à votre interlocuteur de bien vouloir répondre au questionnaire[2] que vous lui soumettrez à votre départ et où ne figure que votre nom.

2. Le recruteur l'envoie de façon anonyme à notre adresse dans une enveloppe pré-adressée et timbrée.

---

1   Évaluation des performances et comportements individuels par laboratoire d'observation normalisée.
2   Le questionnaire complet figure en annexe 3 du livre.

3. Nous recevons les différents questionnaires vous concernant, et nous effectuons un calcul statistique des réponses à chacune des questions posées.

4. Nous les exploitons et vous renvoyons les résultats constatés, complétés par nos commentaires et conseils concernant les axes de progrès éventuels à travailler.

Votre portrait-robot

Certaines organisations proposent des ateliers pour établir votre portrait-robot, animés par un professionnel de la communication. Cela consiste à réunir plusieurs personnes comme vous, qui se posent des questions, aussi bien de positionnement professionnel et social que d'évolution de carrière…

Les séances que nous organisons régulièrement se divisent en quatre temps :

1. Tour de table « silencieux » au cours duquel chacun observe les autres participants sans se parler, et note sur un papier le métier – ou le domaine d'activité – qu'il suppose que chacun des autres participants exerce. Les réponses sont regroupées sur un tableau par l'animateur, qui effectue un portrait-robot de chacun tel qu'il est perçu par les membres du groupe.

2. Tour à tour, chacun présente ce qu'il aime et ce qu'il n'aime pas, sans évoquer de situations professionnelles. Un deuxième tour de table est effectué, où chacun reprend ses premières notes en les ajustant éventuellement, et en suggérant le métier idéal qu'il imagine pour les autres participants.

Ces éléments complémentaires sont notés au tableau par l'animateur.

3. Chacun révèle son vrai métier et commente les observations et suppositions qui lui sont faites. Le groupe s'exprime sur le degré de cohérence constaté.

4. Un dernier tour de table est consacré aux projets actuels ou futurs des participants : chacun formule des observations, objections et suggestions. Les remarques et commentaires du groupe se font en temps réel. L'animateur résume les observations et suggestions relatives à chaque participant.

Les enseignements de cette méthode sont riches et multiples :

— Quelles impressions initiales donnez-vous à des tiers ? On dit souvent qu'on n'a pas l'occasion de donner deux fois une première impression.

— Existe-t-il une différence notable entre les impressions que les uns et les autres ont de votre personnalité ?

— Cette première impression est-elle éloignée de la réalité ? Si oui, pour quelles raisons et dans quels aspects ?

— Y a-t-il une différence notable entre votre attitude (présentation physique et gestuelle) d'une part, et votre langage d'autre part ? Dans l'affirmative, qu'en pensent les tiers ?

— Votre projet est-il facilement et rapidement convaincant ? Ou au contraire engendre-t-il un grand nombre de demandes de précisions, ce qui nécessiterait une révision de forme et/ou de fond de votre part ?

— Enfin, quelles ont été la qualité et la pertinence de vos observations relatives aux autres participants ? Dit autrement ; savez-vous évaluer vos interlocuteurs ?

Tests Gallup, RIASEC, TAIS et *Personal Branding*

Le test Gallup

L'entreprise américaine Gallup Organization a rodé au fil des ans un test destiné à identifier les talents de chacun.

Ils sont au nombre de trente-quatre, regroupés dans quatre domaines : effort, réflexion, rapports et influence.

Le test est réalisable sur Internet à partir du site www.strengthfinder.com. Déterminez vos talents avant de les confirmer éventuellement par le test ![1]

Cependant, comme il s'agit d'une évaluation statique, ce test ne résout rien en lui-même. Pour l'utiliser de façon dynamique, il va vous falloir analyser les résultats obtenus par vous-même : en les confrontant à votre environnement ; en illustrant les talents qui ont été identifiés par des exemples vécus de façon à les rendre à la fois vivants et crédibles auprès de vos prochains interlocuteurs professionnels. Ce travail sera d'autant plus pertinent que vous déciderez de mentionner les résultats de ce test à vos interlocuteurs (employeurs potentiels, cabinets de recrutement, investisseurs, etc.).

Le test de John Holland : RIASEC[2]

Ce test est fondé sur une étude à grande échelle effectuée par le psychologue américain et professeur de sociologie John Holland. Les résultats obtenus tendent à démontrer que :

— Il existerait six traits de personnalité possibles.

— Chacun de nous posséderait trois attributs parmi les six énoncés.

— L'un des trois serait prépondérant pour chaque personne.

Les six traits de personnalité de John Holland sont les suivants :

1. « *Realistic* » (réaliste) : vous êtes concret, voire manuel.

---

1. Le test a révélé comme premier talent chez l'auteur « l'idéation », c'est-à-dire la capacité à apporter des idées nouvelles à chaque situation…
2. Toutes informations sur ce test sont disponibles sur Internet si vous souhaitez l'étudier en détail et le passer.

2. « *Investigative* » (analyste) : vous aimez observer, « investiguer », apprendre, analyser, évaluer, résoudre des problèmes.

3. « *Artistic* » (artistique) : vous faites preuve d'imagination, de créativité, et vous aimez évoluer dans des environnements non structurés.

4. « *Social* » (sociable) : vous appréciez de travailler avec les gens, former, informer, développer, aider, soigner, et vous avez des talents d'élocution.

5. « *Enterprising* » (entreprenant) : vous aimez avoir de l'impact sur les gens, influencer, persuader, réaliser, diriger, organiser, engranger des profits.

6. « *Conventional* » (conventionnel) : vous êtes doué pour travailler avec des chiffres, de l'information, traiter les choses en détail, les tâches administratives, effectuer un suivi, recevoir des instructions des autres.

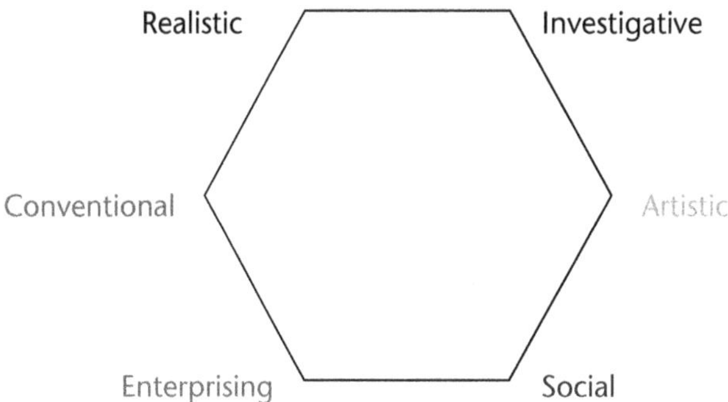

Voici deux approches complémentaires à partir de ce schéma :

— Déterminez les trois attributs que vous estimez vous correspondre le mieux, et classez-les par ordre d'importance décroissante ; puis soumettez ce schéma à trois catégories distinctes : votre famille, vos amis et vos collègues de bureau. Calculez les moyennes des résultats obtenus, puis faites un tableau en listant les six attributs en lignes et les résultats correspondant à votre propre estimation, ainsi que ceux des trois autres catégories en colonnes.

— Effectuez le test payant ($ 4,95) « Self-Directed Search » en allant sur le site web www.self-directed-search.com[1].

Le Test of Attentional and Interpersonal Style (TAIS) de Robert M. Nideffer[2]

Ce test plein d'enseignements analyse votre profil en matière de performance et de persévérance dans l'effort et permet de mieux connaître vos limites dans ce domaine. À l'origine, il a été développé auprès de champions olympiques afin de déterminer pourquoi certains réussissaient régulièrement et d'autres une seule fois. Le test prend en compte vos qualités de concentration (éveil, analyse et focus), vos faiblesses de concentration (distraction, surcharge et information non triée), ainsi que votre style de décision (impulsif ou réfléchi), et votre personnalité (introverti ou extraverti).

Le *Personal Branding*

Le principe du *personal branding* est intéressant ; il repose sur la notion de communication personnelle qui doit se concevoir comme celle d'une « marque », et sur le besoin de cohérence, de clarté et de constance entre les différents supports utilisés tels que Twitter, blogs, votre site web personnel, Viadeo, LinkedIn, Facebook, etc.

Tous les détails sont disponibles sur le site www.personalbranding.fr qui propose des outils destinés à mieux se connaître, clarifier sa vision et sa mission, réfléchir

---

1. Même remarques que pour le test Gallup sur son utilité potentielle.
2   Vous trouverez dans la bibliographie en annexe les coordonnées d'un article passionnant de Robert M. Nideffer.

à son plan de carrière et apprendre à mettre en avant ce qu'on possède d'unique en termes de valeur ajoutée. *In fine*, cela permet de mettre ses compétences et ses talents au service des projets dans lesquels on est impliqué (il est plus facile de se faire reconnaître dans l'entreprise pour laquelle on travaille et de trouver sa place lorsqu'on a confiance en ses points forts…). En effet, les individus, comme les entreprises ont besoin de clarifier leur image – ou leur marque – et de développer une meilleure communication, non seulement auprès de leurs clients et de leurs cibles, mais aussi de plus en plus auprès de leurs équipes et de leurs collaborateurs. Cela permet d'instaurer une vision commune alignée sur des valeurs porteuses, d'obtenir une meilleure coordination interne, et d'optimiser les performances individuelles.

À RETENIR

Il va vous falloir à présent compulser et rassembler toutes les informations que vous avez obtenues dans un double but :

- déterminer les points communs entre les tests réalisés pour en optimiser la fiabilité ;
- analyser le différentiel entre l'opinion que vous vous faisiez de vos compétences et de vos talents, et la perception de votre environnement.

Mais attention ! Nous finissons par devenir ce que les autres pensent de nous ! Le fait que l'on puisse être perçu différemment par plusieurs personnes qui n'observent pas les mêmes facettes de notre personnalité n'est pas en soi une source d'inquiétude, sauf si les écarts sont à la fois importants et généralisés à tous vos interlocuteurs. Il y a en effet peu de chances que ce soit eux qui se trompent, mais peut-être est-ce vous qui avez tendance à montrer, selon les circonstances, des visages différents ! Pour quelles raisons ? Cela pourrait indiquer que vous avez tellement pris l'habitude de vous protéger en jouant des rôles qui ne vous correspondent pas que votre message est désormais dilué au point de ne plus être crédible. Mais nous n'en sommes pas là…

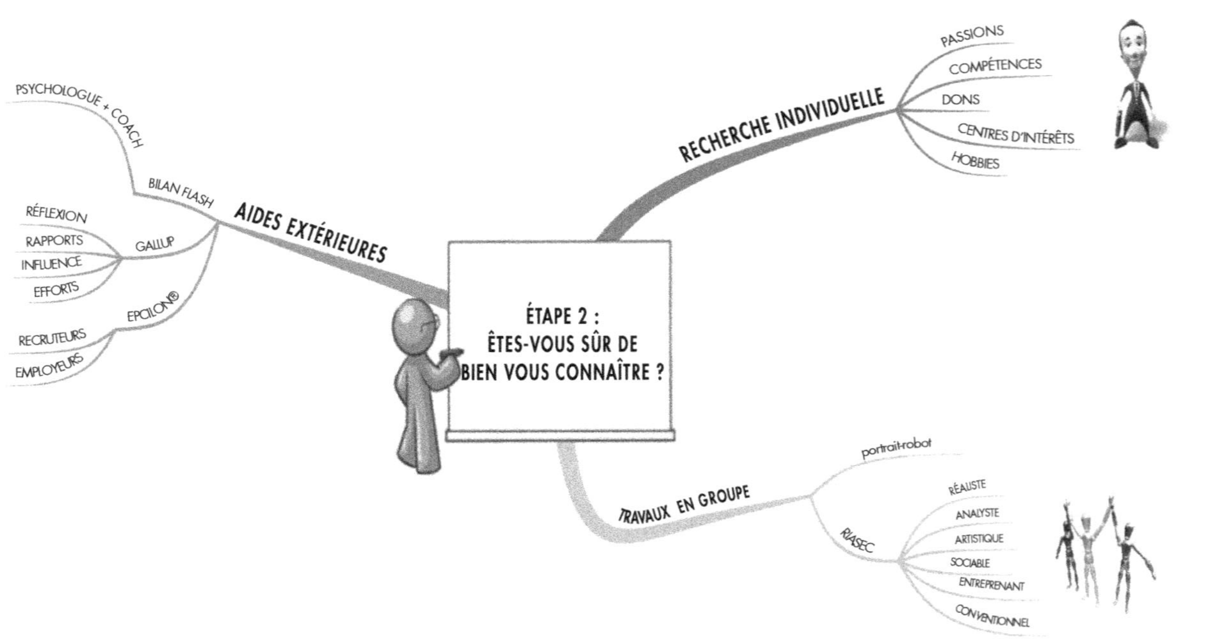

RECHERCHE INDIVIDUELLE
PASSIONS
COMPÉTENCES
DONS
CENTRES D'INTÉRÊTS
HOBBIES
ÉTAPE 2 :
ÊTES-VOUS SÛR DE
BIEN VOUS CONNAÎTRE ?
AIDES EXTÉRIEURES
PSYCHOLOGUE + COACH
BILAN FLASH
GALLUP
RÉFLEXION
RAPPORTS
INFLUENCE
EFFORTS
EPCILON®
RECRUTEURS
EMPLOYEURS
TRAVAUX EN GROUPE
portrait-robot
RIASEC
RÉALISTE
ANALYSTE
ARTISTIQUE
SOCIABLE
ENTREPRENANT
CONVENTIONNEL

Partie II

Définir votre stratégie

La réalisation, la réussite de votre carrière professionnelle ne passe pas systématiquement par une révolution culturelle de votre part.

Il se peut que vous arriviez à atteindre vos buts en améliorant simplement votre quotidien, car votre métier vous plaît globalement et vous avez l'impression d'avoir trouvé votre voie. Cependant, vous pouvez rencontrer sur votre route des obstacles qu'il convient de surmonter, soit de front (jeu d'échecs), soit en les contournant (jeu de go).

Le premier type de difficulté, celle par laquelle passe la majorité des salariés – tous niveaux hiérarchiques considérés – concerne la communication avec les responsables hiérarchiques, avec les pairs et/ou avec les collaborateurs.

La deuxième difficulté résulte d'un malentendu ou d'une incompréhension sur vos possibilités d'évolution entre vous et la structure qui vous emploie, qu'il s'agisse d'une promotion, d'une mutation ou d'une spécialisation à laquelle vous aspirez.

En troisième lieu, vous pouvez vous retrouver avec le désir – ou l'obligation – de changer de structure pour effectuer un travail qui vous plaît dans les conditions qui vous conviennent, qu'elles aient trait à vos valeurs, à votre mode de fonctionnement, ou au type de management qui vous stimule en sollicitant vos passions, vos compétences et/ou vos talents.

Enfin, vous pouvez avoir décidé de tirer un trait sur votre carrière actuelle et passée, et vous êtes déterminé à réaliser le projet dont vous rêviez… maintenant.

C'est dans cet esprit que les deux étapes suivantes ont été rédigées : vous donner les outils nécessaires pour établir le choix qui vous convient le mieux en tenant compte de votre personnalité, de votre situation actuelle et de votre objectif ultime, c'est-à-dire de la stratégie que vous souhaitez adopter.

Positionnez votre ambition

> *« La prudence est plus dangereuse que l'audace »*
> *Napoléon Bonaparte*

Jusqu'où êtes-vous prêt à aller ?

C'est toute la problématique soulevée dans cette étape au cours de laquelle nous allons passer en revue les principales façons de « réussir » en fonction des critères que vous choisissez. Il s'agit de les identifier, pour les faire passer par différents filtres destinés à sélectionner à la fois les plus réalistes et les plus ambitieuses. Puis, lors de l'étape 4, un choix stratégique sera effectué. Par exemple, lancer une activité à partir de rien ou en s'associant avec un partenaire ; s'inscrire comme auto-entrepreneur ou créer une structure (SARL, etc.) ; racheter une structure ou investir dans une structure existante ; fabriquer soi-même un produit ou le faire fabriquer en France ou à l'étranger, etc.

L'idéal, c'est naturellement d'arriver à travailler dans la sérénité, tels les sept nains de Blanche-Neige qui sifflent en travaillant ; ce n'est pas qu'une utopie, car il y a encore quelques années, les peintres en bâtiment étaient connus pour siffler aussi ; mais on ne les entend plus...

Plus généralement, il est logique que nous soyons heureux dans notre travail lorsque notre valeur ajoutée personnelle, ou plus concrètement notre plus-value marchande (c'est-à-dire littéralement sur le marché), est identifiée, acceptée et sollicitée. Nous allons donc commencer par examiner la notion de plus-value commerciale ou marchande.

Votre plus-value « marchande »

Comment vous positionner dans ce domaine ? Parmi toutes les notions traitées dans ce livre, il s'agit peut-être de la partie la plus difficile, car nécessitant le plus de recherche personnelle de votre part… Sinon, vous risqueriez de vivre une carrière parallèle à vos talents, comme deux rails qui ne se rejoignent jamais, avec pour effet de ne pas réussir à optimiser votre plus-value marchande.

À MÉDITER

Denis est resté convaincu que dans les deux banques qui l'ont employé, sa vraie plus-value a été au mieux sous-utilisée et au pire ignorée au profit de tâches qui lui correspondaient peu ou mal. Pourtant, personne ne s'en est aperçu ni n'a évoqué la question une seule fois en quinze ans…

Le malentendu reste entier pour une grande partie des cadres d'entreprise aujourd'hui, car les responsables d'entreprise (P-DG, DG, DRH, etc.) raisonnent à partir de la description de poste et des responsabilités à assumer afin de trouver des collaborateurs qui se fondent dans le moule.

La juxtaposition de la plus-value réelle d'un collaborateur, de ses goûts prononcés pour certaines responsabilités et actions, de ses possibilités de « contribution » au-delà de ce qui lui est demandé, etc., reste du domaine de l'anecdotique, voire un argument brandi pour motiver les troupes au cours de grandes envolées lyriques à l'occasion des grands-messes annuelles.

Or, la concurrence exacerbée à laquelle on assiste aussi bien au niveau local que régional, national ou mondial devrait inciter tout manager, au sens propre du terme, à optimiser la contribution de chacun de ses collaborateurs en identifiant et en sollicitant sa plus-value au sens large. La notion d'exemplarité, recherchée, voire sacralisée, dans le monde du sport de haut niveau, doit dériver directement de votre plus-value et s'identifier à travers des critères tels que :

- être incollable dans son domaine ;
- chercher à progresser de façon continue ;
- rester dans son domaine de compétences ;
- mettre en place les conditions qui permettent à ses talents de s'exprimer.

Notez que l'exercice n'est pas facile lorsque l'on sait que notre éducation ne sollicite pas très souvent l'émergence de nos talents embryonnaires – « qu'est-ce que tu sais, toi ? » ; « pourquoi parles-tu de choses que tu ne connais pas ? », etc. – alors qu'avoir une opinion sur quelque chose qui nous intéresse peut révéler un don ou un futur talent…

Observez les trois cercles suivants, correspondant successivement à ce que vous aimez faire, ce que vous savez faire, et ce qui est vendable sur le marché. La partie réaliste – c'est-à-dire *votre plus-value commerciale* – est représentée par la surface commune à ces trois cercles.

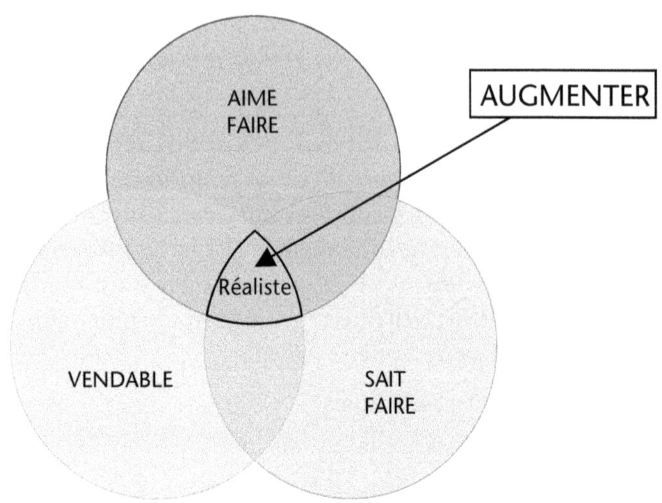

Votre objectif ultime : augmenter la surface commune aux trois cercles ci-dessus. Inversement, vous devez œuvrer à réduire la surface commune aux trois cercles suivants :

Ne veut plus faire – Ne fait pas bien – Doit faire

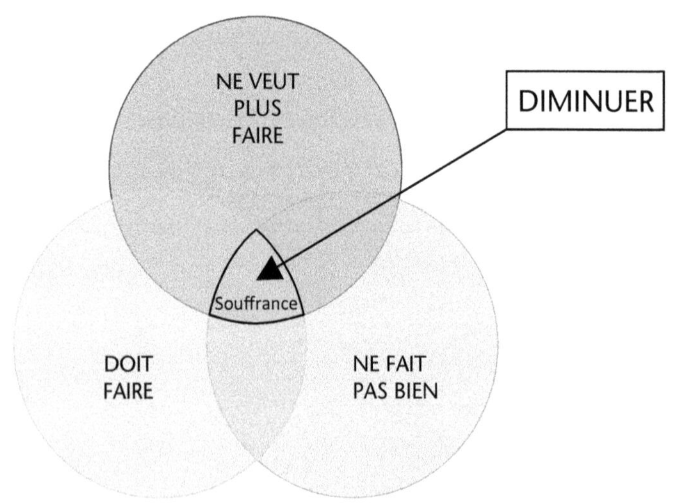

À MÉDITER

En France, on ne met pas en avant sa plus-value de la même façon que dans les autres pays. Ainsi, en Grande-Bretagne, il est de bon ton de manier l'euphémisme (le fameux « *understatement* »…) avec subtilité, par exemple : « *I like to think we are pretty well organized* » après un exploit exceptionnel. De toute façon, il est toujours préférable de prouver sa technicité plutôt que de l'imposer…

Le positionnement de votre plus-value peut faire ressortir un certain type de travail qui vous permet d'obtenir l'appréciation de votre entourage, d'être sous les projecteurs, d'avoir de la reconnaissance, d'être connu, d'être le meilleur et d'exceller dans tout ce que vous faites ou réalisez, de maîtriser une technique ou un domaine, de faire quelque chose que personne n'avait fait auparavant ou qu'on ne pensait pas faisable, d'aller au-devant des besoins des gens, de monter à un échelon supérieur en termes de prestige, de salaire, ou de réputation, etc.

EN PRATIQUE

Effectuons le calcul suivant : sur un total hebdomadaire de cent dix-huit heures actives (déduction faite de votre sommeil), et un budget loisirs de vingt heures (famille, amis, couple, sorties, etc.) plus huit heures diverses, il vous reste une moyenne de quatre-vingt-dix heures à consacrer à votre carrière, dont soixante heures de travail et trente heures à y penser (transports, discussions à la maison, au coucher, etc.). Quatre-vingt-dix heures sur cent dix-huit correspondent à environ trois quarts de votre temps actif, ce qui est considérable ! Alors, autant mettre cet investissement au profit d'une activité ou d'une cause qui vous convienne et qui sollicite votre plus-value.

— Question 3-1 : Quels postes avez-vous identifiés dans l'idéal comme étant susceptibles d'optimiser votre plus-value ? Finance, technique, conseil, administratif, juridique, management, etc.

Votre réponse :

— Question 3-2 : Idéalement, dans quels types d'environnements économiques ? Grands groupes, PME, TPE, professions libérales, administrations, agences de développement, associations, fondations, etc.

Votre réponse :

— Question 3-3 : Y a-t-il des tâches que vous êtes le seul à savoir faire ?

* dans votre service : oui – non ;
* dans la société : oui – non.

Si oui laquelle ou lesquelles ? : dosiers administratifs, rédaction de documents, analyse de bilans, montages financiers, négociations difficiles, interprétariat, planning, etc.

Votre réponse :

—Question 3-4 : Cette plus-value est-elle connue et reconnue ?

Si oui, par qui ?

Si non, cela indique-t-il que personne n'est intéressé ?

Oui – non

Pourquoi ?

—Question 3-5 : Ou est-ce parce que vous l'avez mal vendue ?

Oui – non

—Question 3-6 : Ou parce que personne n'a (eu) le temps de s'y intéresser ?

Oui – non

—Question 3-7 : Enfin, quelles sont les situations qui vous conviennent le mieux ? Situation de crise, gestion routinière, nouveau projet, résolution de problème, réorganisation, etc.

Globalement, si le pourcentage de temps que vous consacrez à ce que vous êtes le seul à savoir faire dans votre entreprise est important « et » que personne ne le sait, cela prouve que 1) votre « marketing » n'est pas efficace, et 2) vous mettez votre poste en danger, car votre hiérarchie pourrait penser à tort que vous n'êtes pas indispensable…

Votre « plus-value marchande » nécessite que vous fassiez un effort pour la vendre, marchande vous avez *l'audace de réussir*. Il ne faut cependant pas voir dans cette formule une quelconque vulgarisation de votre savoir-faire de nature mercantile, mais au contraire une vue réaliste de ce que vous pouvez proposer sur le marché, puisque vous êtes confronté – que vous le vouliez ou non – à la loi de l'offre et de la demande…

Vos objectifs personnels et professionnels

Un objectif est plus précis qu'un but qui doit servir une forme d'idéal personnel. Si votre but consiste à créer et/ou gérer une activité prévue pour être directement utile à une partie de la population (exemple : un groupe de personnes appartenant à une catégorie sociale, culturelle, ethnique, géographique, spécifique), vous devrez le préciser sous forme d'objectif afin de le rendre à la fois concret et applicable *via* un plan.

Attention : si votre réponse à la question : « quel est votre objectif ultime ? est de « gagner plus le plus d'argent possible », on est dans un contresens absolu… « Gagner » de l'argent est une résultante, pas un objectif ; sauf si vous jouez au Loto ou dévalisez une banque !

La méthode SMARTE

La façon la plus objective de définir un objectif consiste à utiliser la méthode SMARTE, mondialement éprouvée, laquelle comporte cinq caractéristiques : Spécifique, Mesurable, orienté vers l'Action, Réaliste, Temporellement défini et Évaluable.

— Spécifique : nous venons d'évoquer la différence avec un but (voir la définition sportive du but dans l'annexe 1) ; un but est général, global ; un objectif doit être spécifique (exemple : être reconnu et respecté dans votre ville en tant qu'architecte d'intérieur postmoderne).

— Mesurable : par exemple, traiter dix dossiers par an, réaliser un chiffre d'affaires de 2 millions d'euros dans deux ans, obtenir trois articles dans la presse d'ici la fin de l'année, etc.

— Orienté vers l'Action : exemple : me créer un réseau de fournisseurs qui vont me recommander auprès de leurs clients, concevoir un site Web, rédiger et imprimer une brochure, etc.

— Réaliste : exemple : tenir compte de la concurrence, de la morosité du marché, du caractère très ciblé de mon approche, etc.

— Temporellement défini : le moment est-il bien choisi ? Nous y reviendrons en détail plus loin.

— Évaluable : peut-on comparer de manière objective les avantages et les inconvénients de l'objectif considéré en cours de réalisation avec ce qui était prévu initialement ? Peut-on les quantifier ? Note : certaines écoles de pensées attribuent au E la signification Éthique au lieu d'Évaluable. À vous de sélectionner le sens qui vous convient, ou d'utiliser les deux...

Les critères

Les quatre critères suivants représentent les conditions dans lesquelles vous étudiez vos options ; certains critères vous appartiennent totalement, d'autres ne dépendent pas de vous. Ce qui importe, c'est que vous les analysiez avec lucidité et objectivité, seul ou avec votre entourage.

Priorités

Une façon efficace de les étudier consiste à les classer en trois catégories sur un tableau : absolues, importantes et secondaires. Voici quelques suggestions de critères à prendre en compte et remplir :

Votre vision : ....
....

Vos valeurs : ....
....

Votre investissement maximum : ....
....

Votre chiffre d'affaires minimum, mois par mois : ....
....

Vos besoins de trésorerie : ....
....

Votre zone géographique d'activité : ....
....

Votre marché : ....
....

Paramètres

On peut considérer également trois catégories de paramètres : incontrôlables, semi-contrôlables, contrôlables.

À MÉDITER

Voici quelques exemples :

Investir dans la fabrication de bottes fourrées pour l'hiver prochain comporte un paramètre incontrôlable six mois à l'avance, car personne ne peut dire si l'hiver sera rude. Beaucoup de personnes et de prestataires ont fait faillite en pariant sur la météo.

...

Lancer une activité avec un partenaire qui est censé contribuer au capital de votre société est un paramètre semi-contrôlable, car il ne pourra – ou ne voudra – peut-être pas lever les fonds nécessaires au moment de s'engager vraiment.

En revanche, si un membre fiable de votre famille vous dit qu'il fera votre comptabilité pendant la première année, ce paramètre est contrôlable, car vous savez qu'il le fera vraiment.

Plus généralement, les problèmes de ressources humaines sont – malheureusement ! – à ranger dans la catégorie des paramètres incontrôlables, alors que l'octroi de concours bancaires est au mieux semi-contrôlable, ainsi que tout engagement verbal donné dans un pays de droit écrit comme la France.

Risques

On dit que qui ne risque rien n'a rien… C'est un peu vrai, mais on devrait plutôt dire : qui ne risque pas grand-chose (peu d'audace) n'obtient pas grand-chose (peu de résultat), car tout choix que vous exercez comporte un facteur de risque. De surcroît, le risque est de toute façon présent, même si vous n'y pensez pas ; car indépendamment du risque que vous prenez (investir en Bourse ou acheter une œuvre d'art…), vous êtes mécaniquement lié aux risques qui vous entourent. Dans l'entreprise dans laquelle vous travaillez, tout peut vous arriver : rachat, fusion, externalisation, suppression d'une activité, plan social, crise de trésorerie, écroulement d'un marché, problème grave avec un produit, etc.

Les risques doivent être directement liés à vos objectifs, mais leurs conséquences doivent être évaluées avec soin à l'avance. Bien sûr, il n'y a pas de loi établie dans ce domaine, mais le risque calculé, dont les enjeux sont à la fois bien définis et supportables, possède trois particularités en ce qui concerne votre carrière :

— Il vous sort de la routine (ce que le psychiatre américain Daniel Amen a baptisé « Predictable Mediocrity ») et de la spirale infernale « ennui-lassitude-déprime » qui l'accompagne généralement (voir l'étape 1).

— Il met du piment dans votre avenir et vous donne le goût de vous réaliser plus complètement.

— Il vous évitera de regretter plus tard de ne rien avoir fait, de ne rien avoir tenté (relisez l'introduction de l'étape 1…).

Cependant, afin de limiter la portée de vos risques, nous vous suggérons de fonctionner selon le principe du risque acceptable ou du risque « calculé ». Par exemple, vous vous auto-engagez à :

- investir x heures, x jours ou x semaines dans votre projet ;
- miser xxx centaines ou milliers d'euros dans votre structure ;
- tester vos services ou produits auprès des dix plus importants utilisateurs identifiés.

Si aucun résultat tangible n'est obtenu une fois ces investissements réalisés en termes de numéraire, d'énergie et de temps, il peut être sage de passer le tout par pertes et profits (c'est-à-dire enregistrer votre perte) et vous orienter dans une autre direction.

EN PRATIQUE

Si votre banque vous demande d'hypothéquer l'une de vos fermes dont vous ne vous servez pas, ou un terrain sans intérêt pour vous, vous pouvez réfléchir. Mais s'il s'agit de votre habitation principale, c'est non… Nous avons vu trop de saisies par les banques pour vous inciter à prendre des risques non contrôlables par vous ; que ce soit dû à l'incompétence de leurs chargés de clientèle, aux instructions de leur direction générale concernant des ratios à maintenir, ou à d'autres raisons (audits de l'inspection générale, répartition des risques par catégories, etc.), mieux vaut éviter de devenir dépendant du système bancaire qui préfère placer ses risques dans ses propres opérations de trading que dans le développement de l'économie…

Résultats escomptés et conséquences à prévoir

Le terme « *conséquence* » ayant une connotation négative, nous lui avons adjoint la notion de résultat, qui est plus positive. Comme il vous est difficile d'être à la fois juge et partie, nous vous conseillons de solliciter votre équipe *ad hoc* pour examiner objectivement avec elle chacune des options possibles :

— D'un côté, les résultats escomptés de façon réaliste, c'est-à-dire les résultats positifs, quantitatifs (chiffres d'affaires, marges, etc.) et qualitatifs (notoriété, réputation auprès des professionnels du secteur concerné, etc.).

— De l'autre, les conséquences à prévoir, c'est-à-dire les difficultés potentiellement engendrées (sortie du monde de l'emploi, déménagement, écoles pour vos enfants, changement de carrière éventuel pour votre conjoint, délais et formalités de fermeture de votre nouvelle activité en cas de problèmes, difficultés liées à la rupture de contrats de travail éventuels avec vos salariés, etc.).

Un mode opératoire particulièrement efficace consiste à séparer les collaborateurs de votre projet en deux sous-groupes : les *pour* et les *contre* chaque option après leur avoir laissé le temps de préparer leurs arguments.

Une fois qu'ils se sont exprimés ouvertement en réunion, et que vous avez tout enregistré, vous demandez au groupe *pour* de travailler en temps réel sur des arguments *contre*, et au groupe *contre* de travailler en temps réel sur des arguments *pour*.

Enfin, vous demandez à chacun de donner son avis objectif sur chacune des options étudiées. Les résultats sont saisissants, car empreints d'une plus grande objectivité par rapport aux discussions précédentes[1].

---

[1] Cette méthode nous a été communiquée par Al Bernstein, ancien directeur de l'université de Défense de Fort McNair à Washington, qui l'utilisait pour comparer des stratégies militaires en groupe.

Votre attitude par rapport au temps

« Que de temps perdu à gagner du temps »
Paul Morand

Les Anglais disent : « *We live on borrowed time.* » Mao Zedong, lui, disait : « *On n'est pas pressé, mais on n'a pas de temps à perdre.* » Difficile de s'y retrouver ! Sans occulter le côté éphémère du temps dont on dispose, la vraie difficulté consiste surtout à permettre à chacun de trouver son équilibre personnel entre passé, présent, et futur : jusqu'où doit-on sacrifier le présent au futur ou le contraire ?

À MÉDITER

Dans le rapport au temps, la fable de la cigale et de la fourmi est partiale, car, lorsqu'on observe les deux à la campagne, rien ne prouve que la vie de la fourmi soit préférable à celle de la cigale. De plus, ce n'était peut-être pas une fourmi que la cigale aurait dû solliciter...

C'est une question qui a trait à votre philosophie par rapport au temps : préférez-vous prolonger l'existant le plus longtemps possible ? Ou profiter du temps qu'il vous reste pour « tenter » autre chose ? De toute façon, notre éducation ne nous incite pas à savourer pleinement le temps dont on dispose dans le présent ; quitte à le regretter plus tard... D'autant plus que si vous n'y prêtez pas attention, votre présent d'aujourd'hui appartient déjà au passé de demain. La théorie du futur (« quand tu seras grand ») et du passé (« quand j'étais jeune ») est donc perverse.

Une chose est sûre : il vaut mieux faire bien du premier coup, que ce soit remplir un coffre de voiture, écrire une lettre, monter un dossier, etc., car cela vous fera gagner beaucoup de temps *in fine*.

Le présent

C'est la seule partie du temps qui soit réelle et palpable, et sur laquelle vous ayez un impact. C'est le présent qui, à travers vos décisions, vos comportements, vos propos, détermine ce que sera votre avenir, vos futurs résultats, et l'environnement dans lequel vous évoluerez. Question : Que décidez-vous aujourd'hui pour que votre futur soit à la hauteur de votre idéal ?

Signalons deux pièges : l'immédiateté, qui incite à abandonner trop tôt par manque de patience ; et l'excuse du manque de temps (« désolé, je n'ai pas le temps ! ») qui permet de s'affranchir à peu de frais (« je voudrais bien, mais… »). Il vaut mieux redonner du sens au temps dont on dispose chaque jour, plutôt que de surcharger son agenda pour se donner l'impression d'être actif à défaut d'être efficace.

Le *timing*

C'est souvent la personne la plus rapide, celle qui réagit juste avant les autres, qui prend le leadership, car elle conserve l'initiative par le temps ; cela lui permet d'anticiper les oppositions, commentaires, et autres remarques. Par exemple : faire une proposition avant qu'elle ne vienne de quelqu'un d'autre, ou dire qu'on ne peut pas, avant qu'on ne vous demande de faire quelque chose.

La nécessité d'une équipe puissante

« I use not only the brains I have, but all the brains I can borrow »[1]
Woodrow Wilson

On ne réalise pas grand-chose seul. Il est impératif que vous vous fassiez accompagner d'au moins une personne de confiance

---

1   *« Je n'utilise pas seulement mon intelligence mais toutes celles que je peux emprunter. »*

dans votre projet, non seulement pour apporter des éclairages nouveaux ou différents, mais aussi pour avoir un « avocat du diable », pour rééquilibrer votre enthousiasme et pour vous aider par son réalisme à entrevoir les difficultés éventuelles (voir la loi de Murphy présentée dans l'étape 7…).

Votre choix doit s'orienter vers une ou des personnes à la fois professionnelles et acquises à votre cause. Savoir s'entourer est un art ; trouver quelqu'un qui croit en vous, qui vous aide à avoir confiance dans ce que vous faites, et qui n'a pas de stratégie personnelle divergente, n'a pas de prix.

Notamment, vous allez avoir besoin d'être entouré de professionnels qui vous apporteront toute l'expérience et le soutien nécessaires, si vous créez une structure et qu'auparavant vous n'aviez pas encore :

- géré un centre de profits ;
- encadré des salariés moyennement motivés ou plus préoccupés par le maintien de leur emploi entre deux périodes de chômage que par vos préoccupations de croissance ;
- travaillé avec des associés plus inquiets du sort de leur investissement que par votre réussite personnelle ;
- traité en tant que chef d'entreprise avec un chargé de clientèle frileux dans une banque ;
- eu affaire à des tiers qui ne respectent pas leurs engagements verbaux (clients, fournisseurs, confrères, etc.).

En outre, il est toujours bon d'avoir dans son entourage quelqu'un qui a généralement une bonne intuition… et qui sait l'utiliser à bon escient.

Attention à ne pas se montrer ingrat *a posteriori* envers la ou les personnes qui vous ont aidé ; un cadeau, une invitation dans un bon restaurant, une sortie hors du commun, par exemple, laisseront la trace de quelqu'un de valeur ; le fait d'oublier, de ne pas avoir le temps, de remettre à plus tard, etc., n'est pas une excuse valable.

À MÉDITER

Mieux vaut s'inspirer du médecin et explorateur des zones polaires françaises, le commandant Charcot, connu pour son élégance sur ce plan lors du financement de son bateau le « Pourquoi pas », que de ce cadre supérieur de l'est parisien qui a sollicité non seulement son réseau, mais aussi le réseau de son réseau pendant dix-huit mois pour retrouver un poste à la hauteur de son ambition, et dont personne n'a plus jamais entendu parler une fois présenté au P-DG du groupe qui l'a finalement recruté.

Brainstorming

L'anglicisme « *brainstorming* » (littéralement « tempête cérébrale ») a été quelque peu vulgarisé et élargi à toute réunion d'étude libre d'un sujet donné, alors qu'à l'origine, il n'y avait pas de thème imposé.

En voici le mode opératoire :

— Identifiez quelques amis issus de votre cercle privé et/ou professionnel. Pensez à solliciter un club senior, comme il en existe dans toutes les associations de diplômés.

— Réunissez-les autour d'un déjeuner servi dans un endroit calme, sélectionné pour la circonstance afin de donner à la réunion un aspect formel et professionnel.

— Préparez un ordre du jour très précis en trois points :

1. Présentation

Appuyez vos objectifs par une présentation PowerPoint en sept minutes.

Lancez une session de questions-réponses pour préciser et compléter votre présentation pendant vingt-trois minutes.

Faites faire un tour de table des remarques de chacun pendant vingt minutes. Restez silencieux et prenez des notes ou faites-vous filmer.

Faites débattre les participants entre eux à propos de votre posture, les aspects convaincants et moins convaincants de votre présentation, votre assurance, etc., pendant vingt minutes.

2. Action

Précisez vos options : ce que vous ne voulez plus (facile), et surtout ce que vous voulez maintenant (plus difficile...), pendant quinze minutes.

Annoncez les étapes à gérer pendant cinq minutes.

Soumettez votre projet à votre groupe : est-il réaliste ou pas ? Répondez aux objections des participants. Précisez votre marge d'adaptation, de flexibilité, pendant dix minutes

Lancez un tour de table sur la solidité de votre projet revu et corrigé, pendant dix minutes.

3. Conclusion

Procédez à l'évaluation finale de votre dossier : suggestions, objections, chances de succès en l'état, pendant dix minutes.

Études et recherches

Elles consistent à identifier toutes les options stratégiques, ainsi que toutes les spécifications qui leur sont attachées. Au cours de cette étape, aucune préférence ni parti pris ne doit être exprimé par vous ou toute personne participant à ces recherches. Leur valorisation fera partie de l'étape suivante.

Même si les réponses peuvent arriver dans un contexte inattendu, il faut se mettre en situation. Les informations officielles ne sont pas les seules sources d'inspiration ; vous devez tout observer à petite échelle, quotidiennement, à travers le prisme de votre projet afin de l'alimenter.

> ## À MÉDITER
>
> Lorsque l'auteur écrivait son livre sur les décisions (*Décider pour gagner*, éditions d'Organisation, 2010), il observait toutes les décisions prises autour de lui : par ses clients, dans les magasins, dans les entreprises, en politique, dans la presse, etc.

Attention cependant au traitement que vous donnez à une information. On compte trois étapes dans la réception d'une information sur un événement : l'événement lui-même, la façon dont on l'interprète, et notre réaction à cet événement. La subjectivité est donc toujours potentiellement présente...

Interviews

Vous devez multiplier les contacts, les visites, les interviews. N'hésitez pas à poser toutes les questions qui vous intéressent, même si elles dérangent, même si vous avez peur de paraître stupide (pensez à une des lois de Murphy : « *If it looks stupid but it works, it ain't stupid !* »[1]). Écoutez bien les réactions de vos interlocuteurs lorsque vous présentez votre projet. Faites-les s'exprimer de façon non orientée, car vous pouvez en apprendre plus de cette façon, que dans un schéma questions-réponses trop directif.

> ## À MÉDITER
>
> Un entrepreneur légèrement mégalomane a présenté un projet à un investisseur potentiel en accaparant 100 % du temps de parole, sans poser une seule question à son interlocuteur, et dit à la fin de l'entretien : « *Je juge les personnes à la façon dont on m'écoute !* » Dont acte.

---

1   « *Si ça a l'air stupide, mais que ça marche, ce n'est pas stupide !* »

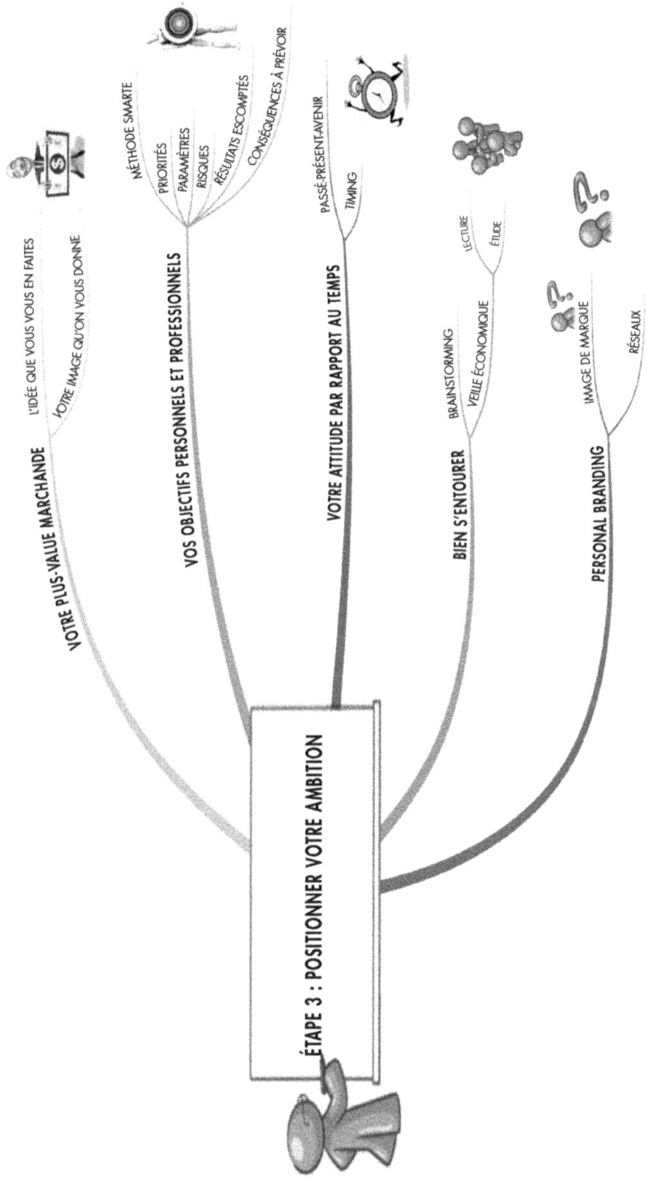

ÉTAPE 3 : POSITIONNER VOTRE AMBITION

VOTRE PLUS-VALUE MARCHANDE
- L'IDÉE QUE VOUS VOUS EN FAITES
- VOTRE IMAGE QU'ON VOUS DONNE

VOS OBJECTIFS PERSONNELS ET PROFESSIONNELS
- MÉTHODE SMARTE
- PRIORITÉS
- PARAMÈTRES
- RISQUES
- RÉSULTATS ESCOMPTÉS
- CONSÉQUENCES À PRÉVOIR

VOTRE ATTITUDE PAR RAPPORT AU TEMPS
- PASSÉ-PRÉSENT-AVENIR
- TIMING

BIEN S'ENTOURER
- BRAINSTORMING
- VEILLE ÉCONOMIQUE
- LECTURE
- ÉTUDE

PERSONAL BRANDING
- IMAGE DE MARQUE
- RÉSEAUX

Allez voir la concurrence, de futurs confrères, car cela crée de l'émulation et c'est stimulant. En outre, cela permet de s'encourager mutuellement et, pourquoi pas, de coopérer un jour. Entraînez-vous à poser les bonnes questions. Les bonnes réponses aux mauvaises questions n'ont aucun intérêt.

Conseils et avis

Terminons cette étape par un mot sur les conseils que l'on peut – et que l'on va – vous donner : lorsque vous évoquez votre projet, ou l'un de ses aspects, il est important de prévenir à l'avance que vous sollicitez non pas des *conseils* mais des avis, c'est-à-dire des opinions techniques désintéressées.

EN PRATIQUE

Si vous ne les suivez pas, les conseils sont susceptibles de vexer ceux qui vous les ont prodigués ; si vous les suivez, ils peuvent entraîner chez vous une dépendance ou des déceptions et vous faire commettre des erreurs. Ne posez jamais de questions du type : que feriez-vous à ma place ? Que me conseillez-vous ? Qu'est-ce qu'Untel va penser de moi si je fais ça ?

À RETENIR

Si vous avez réussi à mieux cibler votre plus-value « commerciale », vous avez fait un grand pas en avant, car votre crédibilité va s'en trouver renforcée auprès de vos interlocuteurs les plus importants dans le cadre de votre projet : votre N+1, votre président, votre DRH, vos futurs associés, etc.

Une fois votre objectif ultime clarifié, l'ensemble des critères que vous avez identifiés va vous permettre de sélectionner le choix stratégique le plus approprié dans le cadre de la prochaine étape.

Votre projet a également été placé dans la perspective temporelle, car chacun de vous possède une philosophie personnelle, unique, quant au positionnement du temps par rapport à l'action.

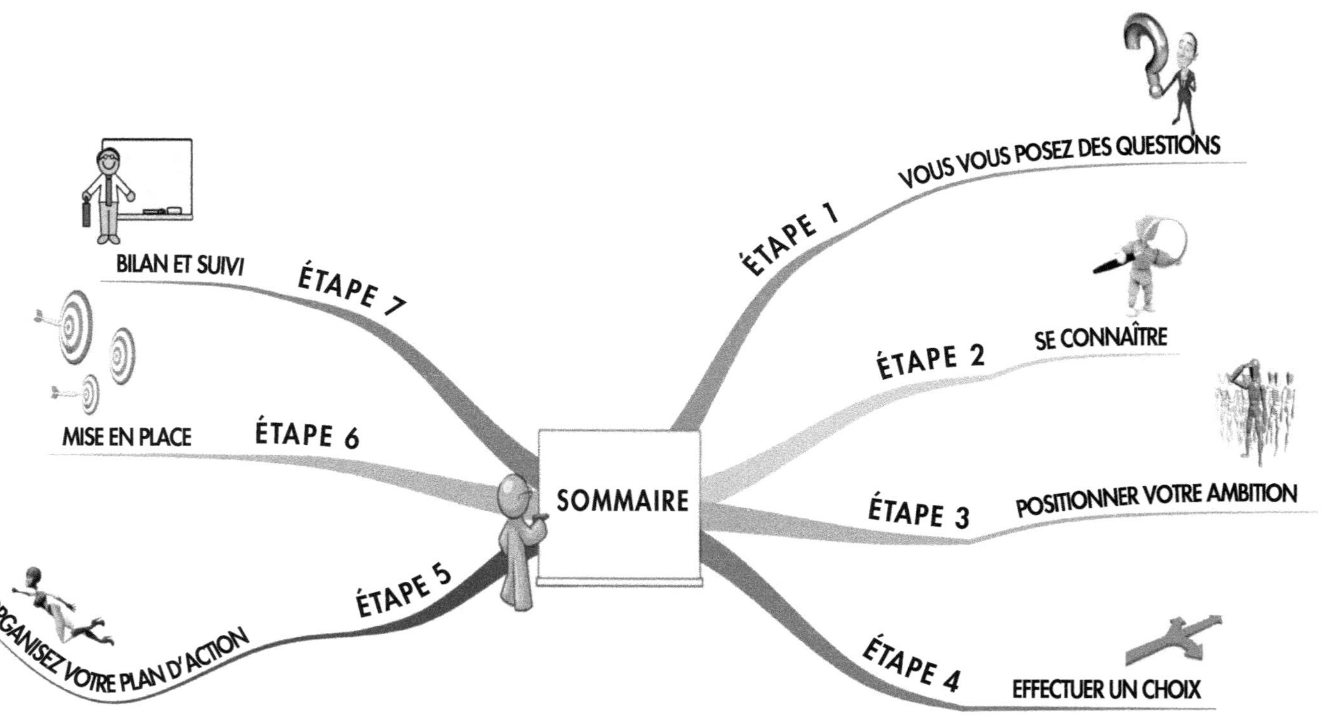
SOMMAIRE
ÉTAPE 1
VOUS VOUS POSEZ DES QUESTIONS
ÉTAPE 2
SE CONNAÎTRE
ÉTAPE 3
POSITIONNER VOTRE AMBITION
ÉTAPE 4
EFFECTUER UN CHOIX
ÉTAPE 5
ORGANISEZ VOTRE PLAN D'ACTION
ÉTAPE 6
MISE EN PLACE
ÉTAPE 7
BILAN ET SUIVI

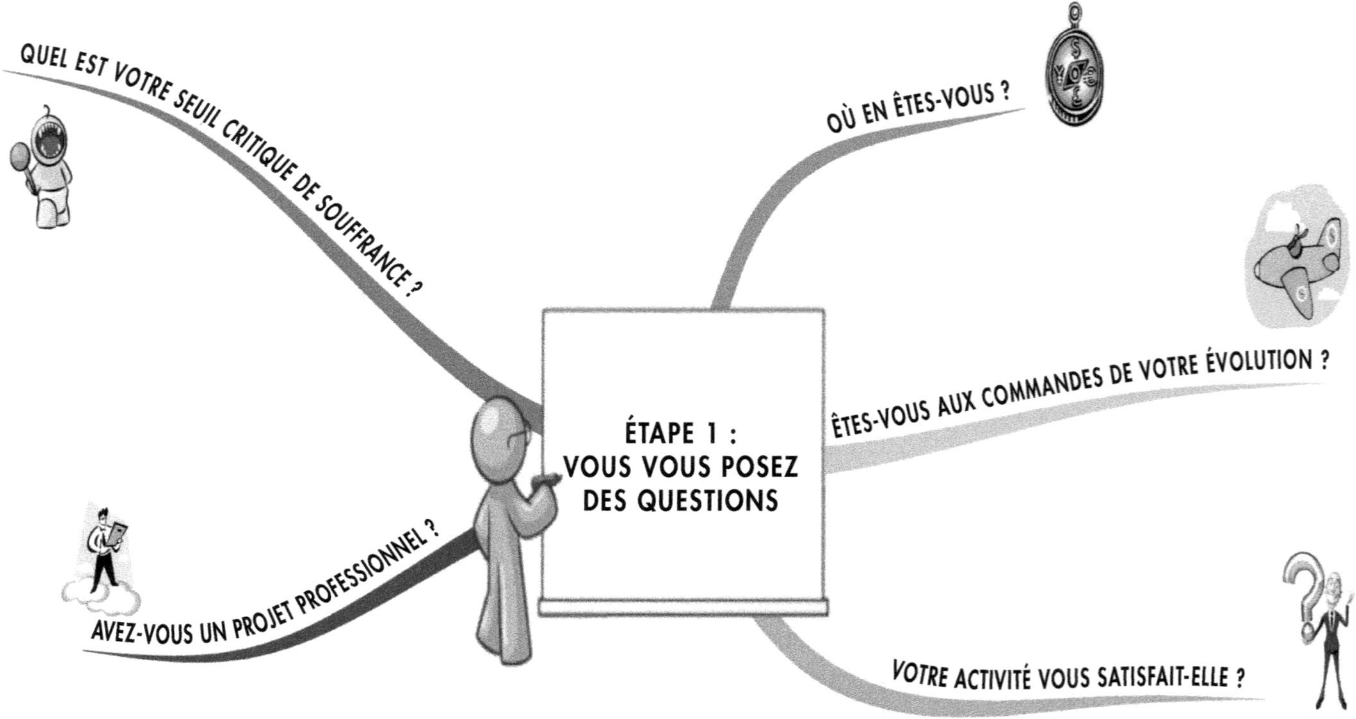

ÉTAPE 1 :
VOUS VOUS POSEZ
DES QUESTIONS

OÙ EN ÊTES-VOUS ?

ÊTES-VOUS AUX COMMANDES DE VOTRE ÉVOLUTION ?

VOTRE ACTIVITÉ VOUS SATISFAIT-ELLE ?

QUEL EST VOTRE SEUIL CRITIQUE DE SOUFFRANCE ?

AVEZ-VOUS UN PROJET PROFESSIONNEL ?

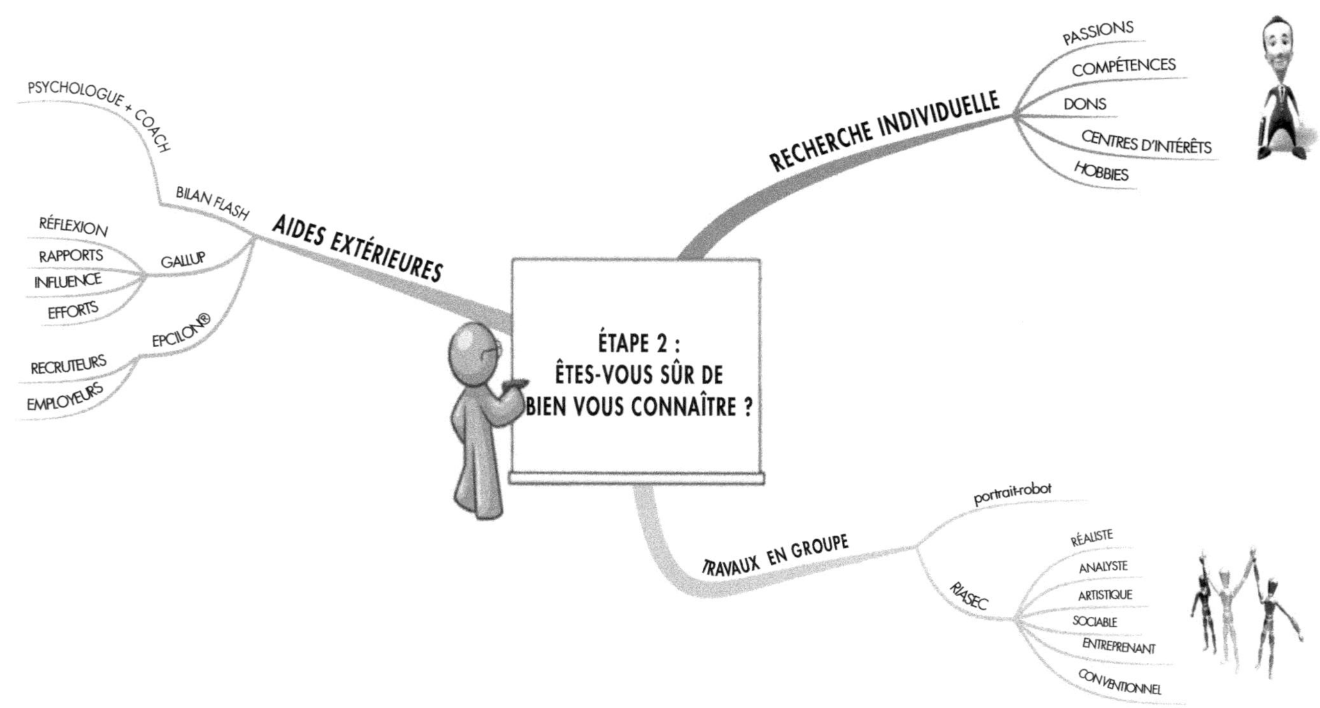

AIDES EXTÉRIEURES
PSYCHOLOGUE + COACH
BILAN FLASH
RÉFLEXION
RAPPORTS
INFLUENCE
EFFORTS
GALLUP
RECRUTEURS
EMPLOYEURS
EPCILON®
ÉTAPE 2 :
ÊTES-VOUS SÛR DE
BIEN VOUS CONNAÎTRE ?
RECHERCHE INDIVIDUELLE
PASSIONS
COMPÉTENCES
DONS
CENTRES D'INTÉRÊTS
HOBBIES
TRAVAUX EN GROUPE
portrait-robot
RIASEC
RÉALISTE
ANALYSTE
ARTISTIQUE
SOCIABLE
ENTREPRENANT
CONVENTIONNEL

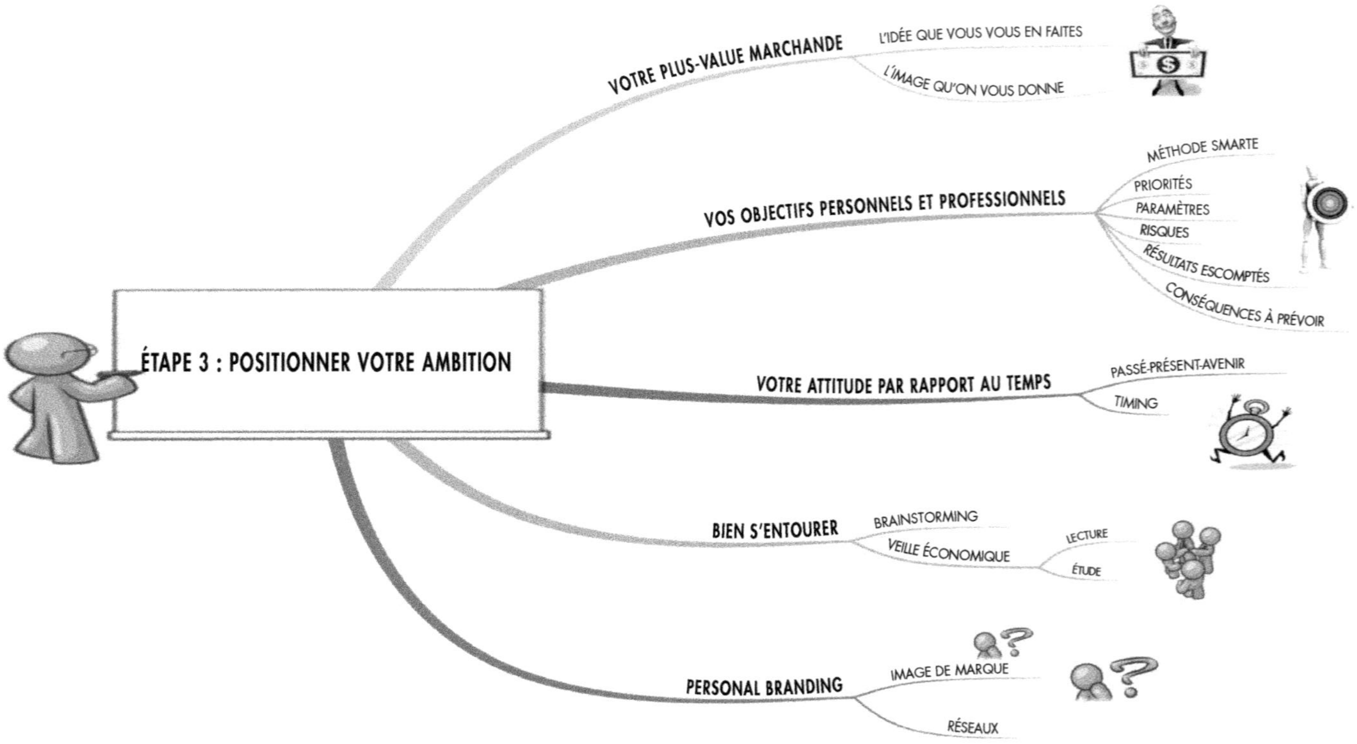

ÉTAPE 3 : POSITIONNER VOTRE AMBITION

VOTRE PLUS-VALUE MARCHANDE
- L'IDÉE QUE VOUS VOUS EN FAITES
- L'IMAGE QU'ON VOUS DONNE

VOS OBJECTIFS PERSONNELS ET PROFESSIONNELS
- MÉTHODE SMARTE
- PRIORITÉS
- PARAMÈTRES
- RISQUES
- RÉSULTATS ESCOMPTÉS
- CONSÉQUENCES À PRÉVOIR

VOTRE ATTITUDE PAR RAPPORT AU TEMPS
- PASSÉ-PRÉSENT-AVENIR
- TIMING

BIEN S'ENTOURER
- BRAINSTORMING
- VEILLE ÉCONOMIQUE
- LECTURE
- ÉTUDE

PERSONAL BRANDING
- IMAGE DE MARQUE
- RÉSEAUX

V

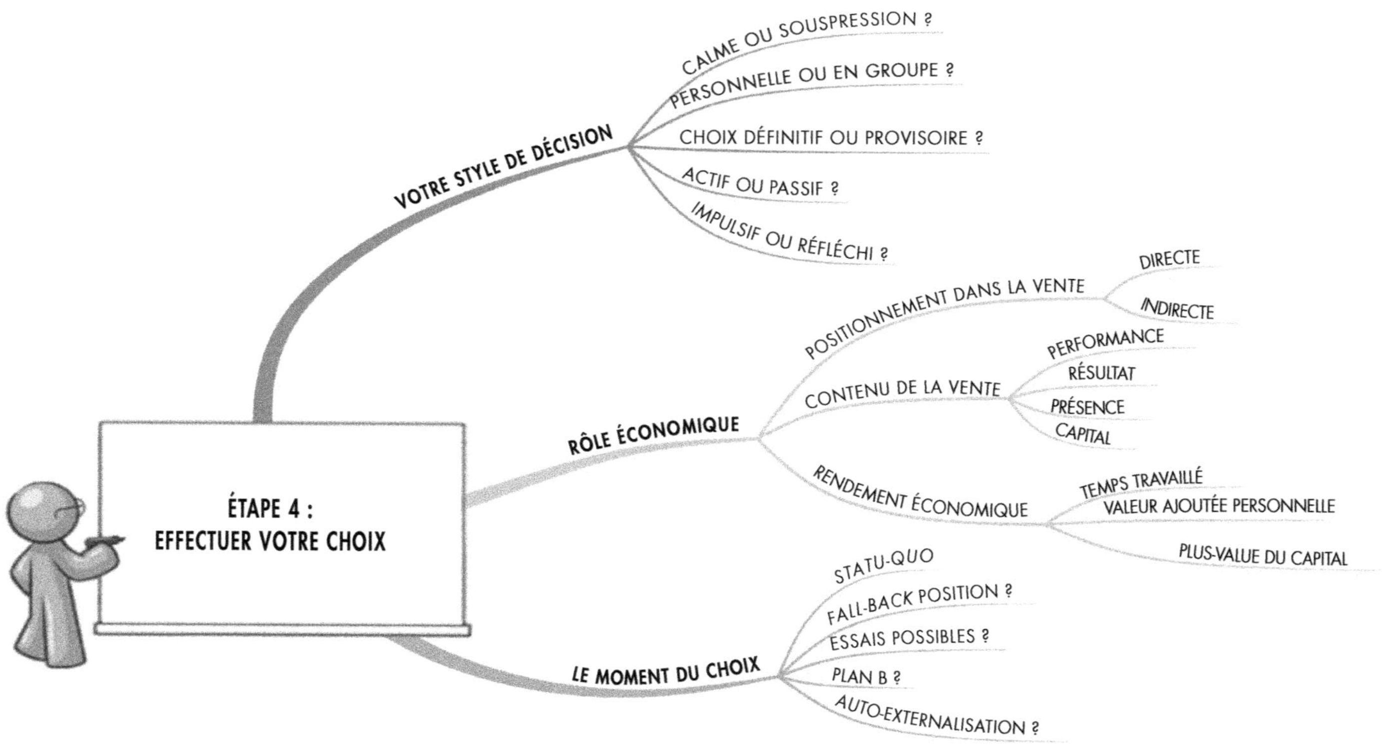

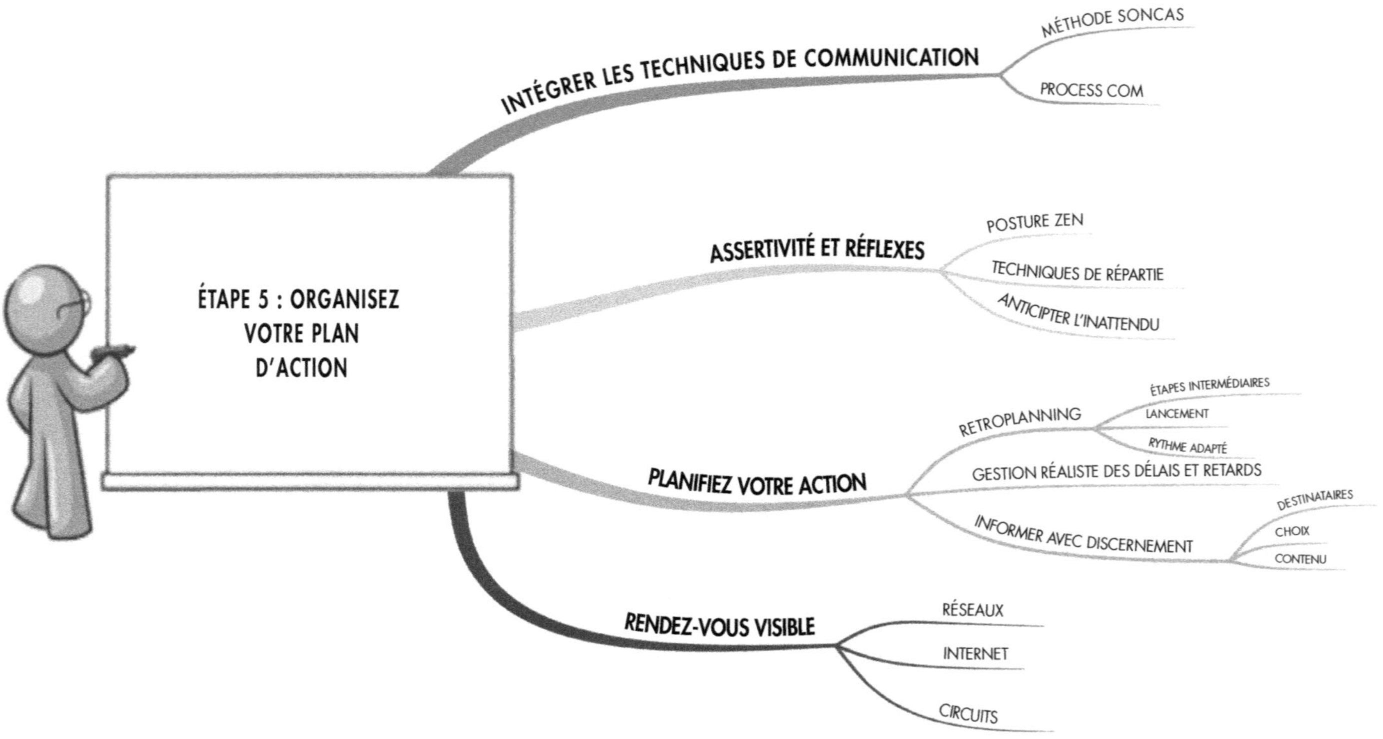

ÉTAPE 5 : ORGANISEZ VOTRE PLAN D'ACTION
INTÉGRER LES TECHNIQUES DE COMMUNICATION
MÉTHODE SONCAS
PROCESS COM
ASSERTIVITÉ ET RÉFLEXES
POSTURE ZEN
TECHNIQUES DE RÉPARTIE
ANTICIPTER L'INATTENDU
PLANIFIEZ VOTRE ACTION
RETROPLANNING
ÉTAPES INTERMÉDIAIRES
LANCEMENT
RYTHME ADAPTÉ
GESTION RÉALISTE DES DÉLAIS ET RETARDS
INFORMER AVEC DISCERNEMENT
DESTINATAIRES
CHOIX
CONTENU
RENDEZ-VOUS VISIBLE
RÉSEAUX
INTERNET
CIRCUITS

ÉTAPE 6 : LANCEZ LA MISE EN PLACE

OPTION 1 : PROBLÈME EN INTERNE
- IDENTIFIER LES CAUSES
- ADAPTER LES REMÈDES AUX VRAIS MAUX
- NE PAS SE TROMPER D'ENNEMI

OPTION 2 : ÉVOLUER DANS VOTRE ENTREPRISE
- EXEMPLARITÉ
- CONTRIBUTION
- INITIATIVE
- DISPONIBILITÉ

OPTION 3 : CHANGER DE STRUCTURE
- PRÉPARATION SWOT
- LES INTERVIEWS
- LES NÉGOCIATIONS
  - QUANTITATIVES
  - QUALITATIVES

OPTION 4 : NOUVELLE CARRIÈRE
- CHOISIR SON RÊVE
- UN PROJET QUI VOUS RESSEMBLE
- CREUSER LES BONNES IDÉES
- ÉVALUER LES RISQUES DE RUPTURE

ÉTAPE 7 : EFFECTUEZ UN BILAN ET UN SUIVI
MENTAL ET FORME PHYSIQUE
HYGIÈNE DE VIE
ALIMENTATION
SPORT
ASSUMEZ ET DÉVELOPPEZ VOTRE STYLE
CRÉATIVITÉ
PROACTIVITÉ
LATERAL THINKING
UNE PERSÉVÉRANCE RÉALISTE ET SOUPLE
GESTION DES ÉCHECS
LOI DE MURPHY
CHANCE, OPPORTUNITÉ ET HASARD
STRATÉGIE ET TACTIQUE
COURBE ASYMPTOTIQUE
EFFORT MARGINAL
ADAPTATION EN TEMPS RÉEL
SYNCHRONISATION
MIND MAPPING
FAIRE LE POINT
PLANNING
COHÉRENCE VIE PROFESSIONNELLE/PERSONNELLE
PORT-FOLIO
TABLE DE J.-C. LECOQ
PLATEAU
QUATRE PIEDS

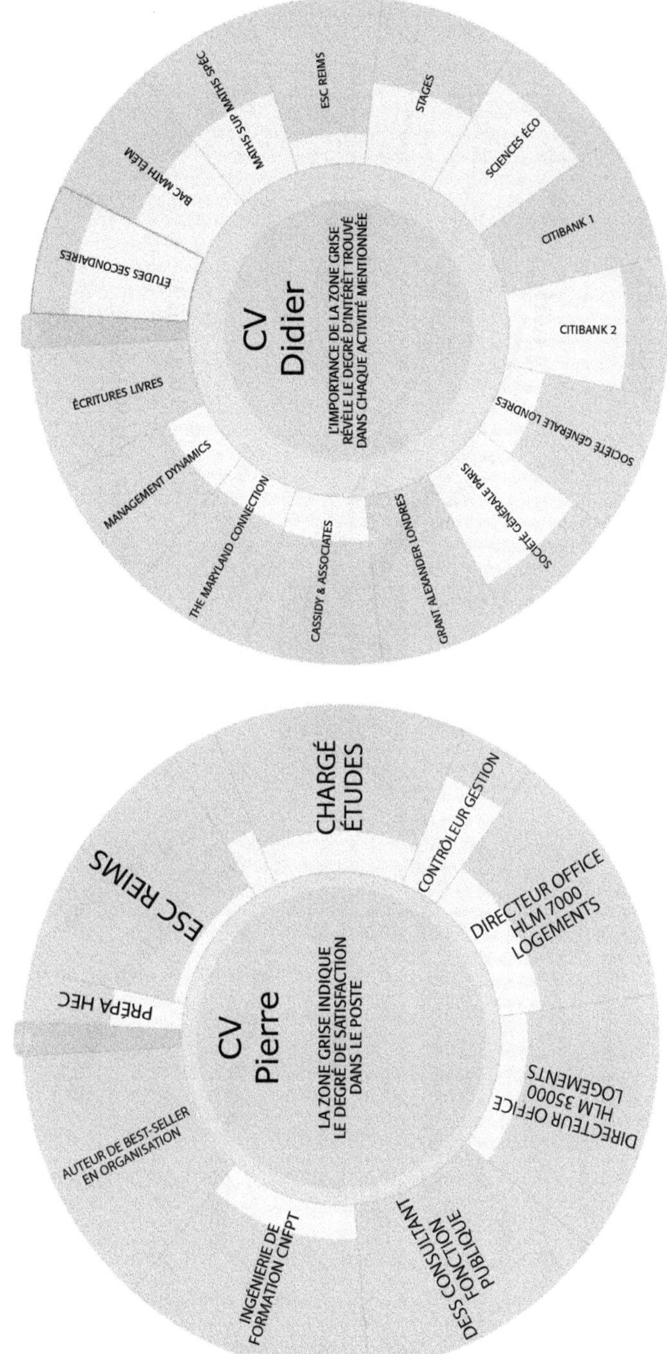

CV
Didier
L'IMPORTANCE DE LA ZONE GRISE
RÉVÈLE LE DEGRÉ D'INTÉRÊT TROUVÉ
DANS CHAQUE ACTIVITÉ MENTIONNÉE
ÉTUDES SECONDAIRES
BAC MATH ÉLÉM
MATHS SUP MATHS SPÉC
ESC REIMS
STAGES
SCIENCES ÉCO
CITIBANK 1
CITIBANK 2
SOCIÉTÉ GÉNÉRALE LONDRES
SOCIÉTÉ GÉNÉRALE PARIS
GRANT ALEXANDER LONDRES
CASSIDY & ASSOCIATES
THE MARYLAND CONNECTION
MANAGEMENT DYNAMICS
ÉCRITURES LIVRES
CV
Pierre
LA ZONE GRISE INDIQUE
LE DEGRÉ DE SATISFACTION
DANS LE POSTE
ESC REIMS
PRÉPA HEC
AUTEUR DE BEST-SELLER
EN ORGANISATION
INGÉNIERIE DE
FORMATION CNFPT
DESS CONSULTANT
FONCTION
PUBLIQUE
DIRECTEUR OFFICE
HLM 35000
LOGEMENTS
DIRECTEUR OFFICE
HLM 7000
LOGEMENTS
CONTRÔLEUR GESTION
CHARGÉ
ÉTUDES

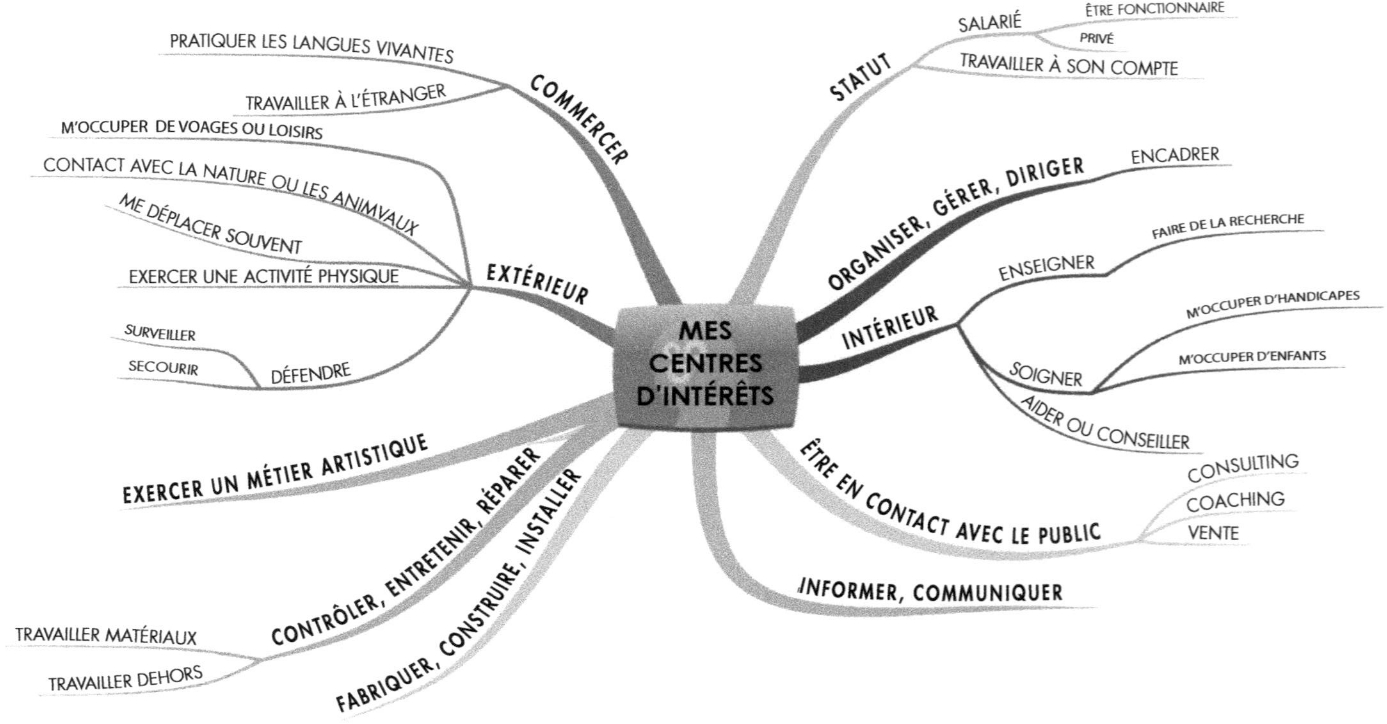

MES CENTRES D'INTÉRÊTS

STATUT
SALARIÉ
ÊTRE FONCTIONNAIRE
PRIVÉ
TRAVAILLER À SON COMPTE

ORGANISER, GÉRER, DIRIGER
ENCADRER

INTÉRIEUR
ENSEIGNER
FAIRE DE LA RECHERCHE
SOIGNER
M'OCCUPER D'HANDICAPES
M'OCCUPER D'ENFANTS
AIDER OU CONSEILLER
CONSULTING
COACHING
VENTE

ÊTRE EN CONTACT AVEC LE PUBLIC

INFORMER, COMMUNIQUER

FABRIQUER, CONSTRUIRE, INSTALLER

CONTRÔLER, ENTRETENIR, RÉPARER

EXERCER UN MÉTIER ARTISTIQUE
TRAVAILLER MATÉRIAUX
TRAVAILLER DEHORS

EXTÉRIEUR
ME DÉPLACER SOUVENT
EXERCER UNE ACTIVITÉ PHYSIQUE
SURVEILLER
SECOURIR
DÉFENDRE
CONTACT AVEC LA NATURE OU LES ANIMAUX
M'OCCUPER DE VOYAGES OU LOISIRS

COMMERCER
TRAVAILLER À L'ÉTRANGER
PRATIQUER LES LANGUES VIVANTES

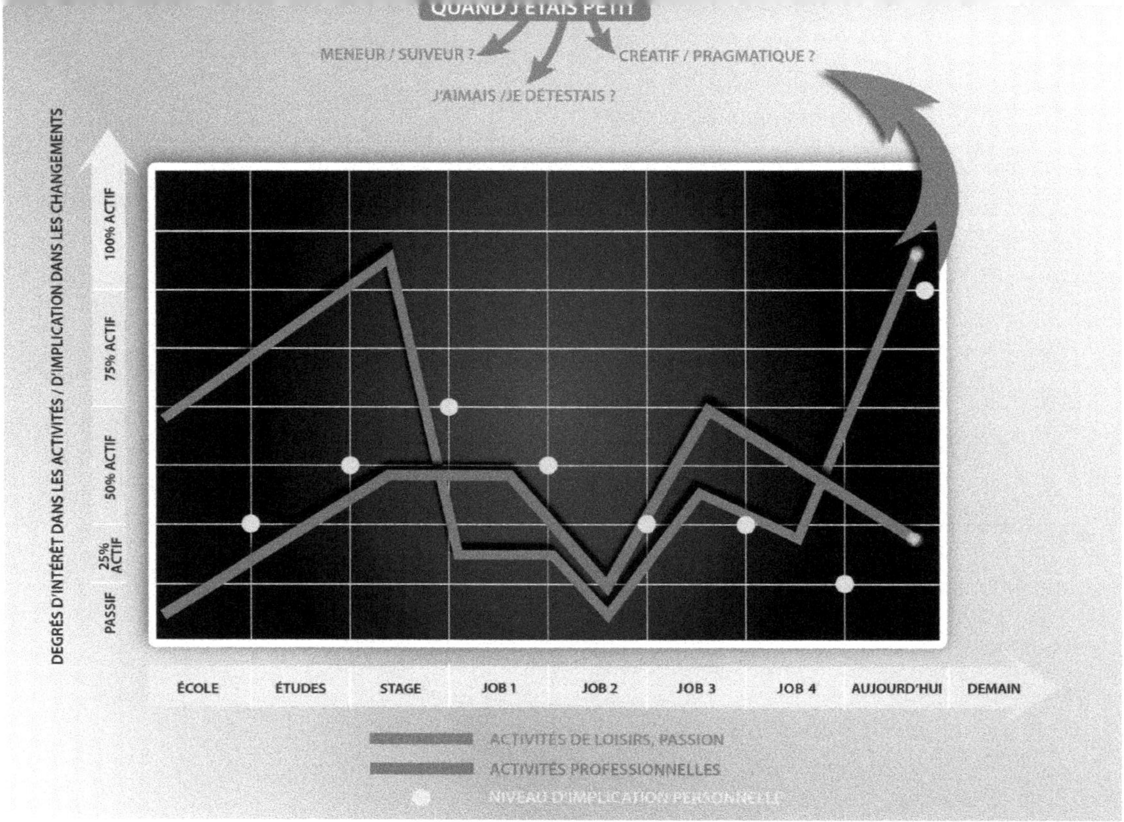

QUAND J'ÉTAIS PETIT
MENEUR / SUIVEUR ?
CRÉATIF / PRAGMATIQUE ?
J'AIMAIS / JE DÉTESTAIS ?
DEGRÉS D'INTÉRÊT DANS LES ACTIVITÉS / D'IMPLICATION DANS LES CHANGEMENTS
100% ACTIF
75% ACTIF
50% ACTIF
25% ACTIF
PASSIF
ÉCOLE
ÉTUDES
STAGE
JOB 1
JOB 2
JOB 3
JOB 4
AUJOURD'HUI
DEMAIN
ACTIVITÉS DE LOISIRS, PASSION
ACTIVITÉS PROFESSIONNELLES
NIVEAU D'IMPLICATION PERSONNELLE

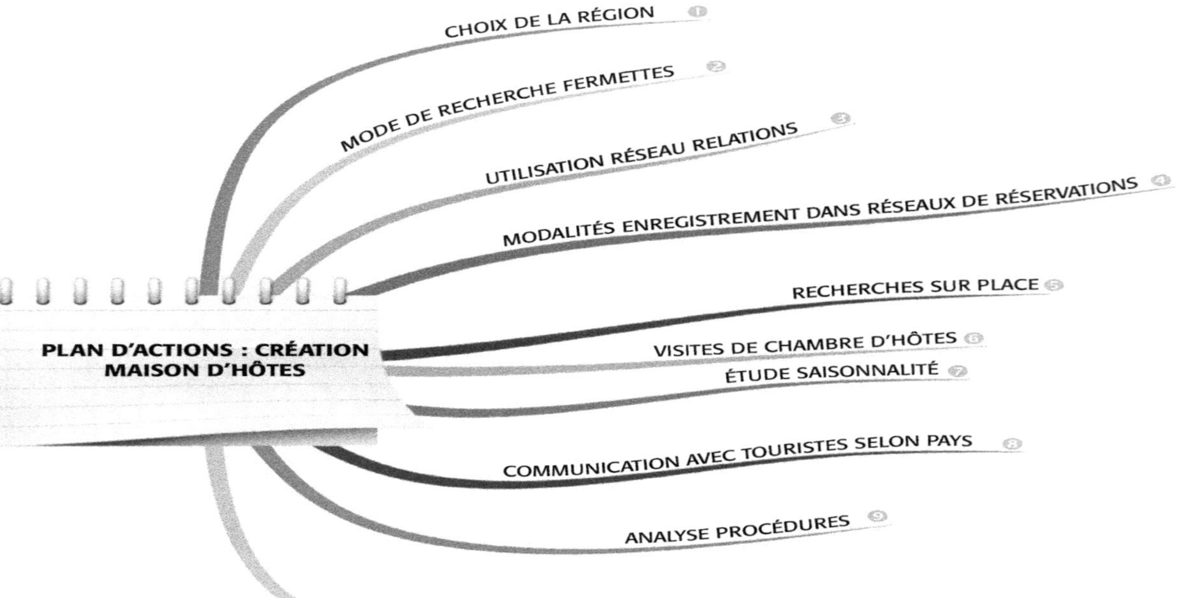

PLAN D'ACTIONS : CRÉATION MAISON D'HÔTES
CHOIX DE LA RÉGION
MODE DE RECHERCHE FERMETTES
UTILISATION RÉSEAU RELATIONS
MODALITÉS ENREGISTREMENT DANS RÉSEAUX DE RÉSERVATIONS
RECHERCHES SUR PLACE
VISITES DE CHAMBRE D'HÔTES
ÉTUDE SAISONNALITÉ
COMMUNICATION AVEC TOURISTES SELON PAYS
ANALYSE PROCÉDURES
RÉALISATION BUSINESS PLAN

EXPATRIATION AUX USA

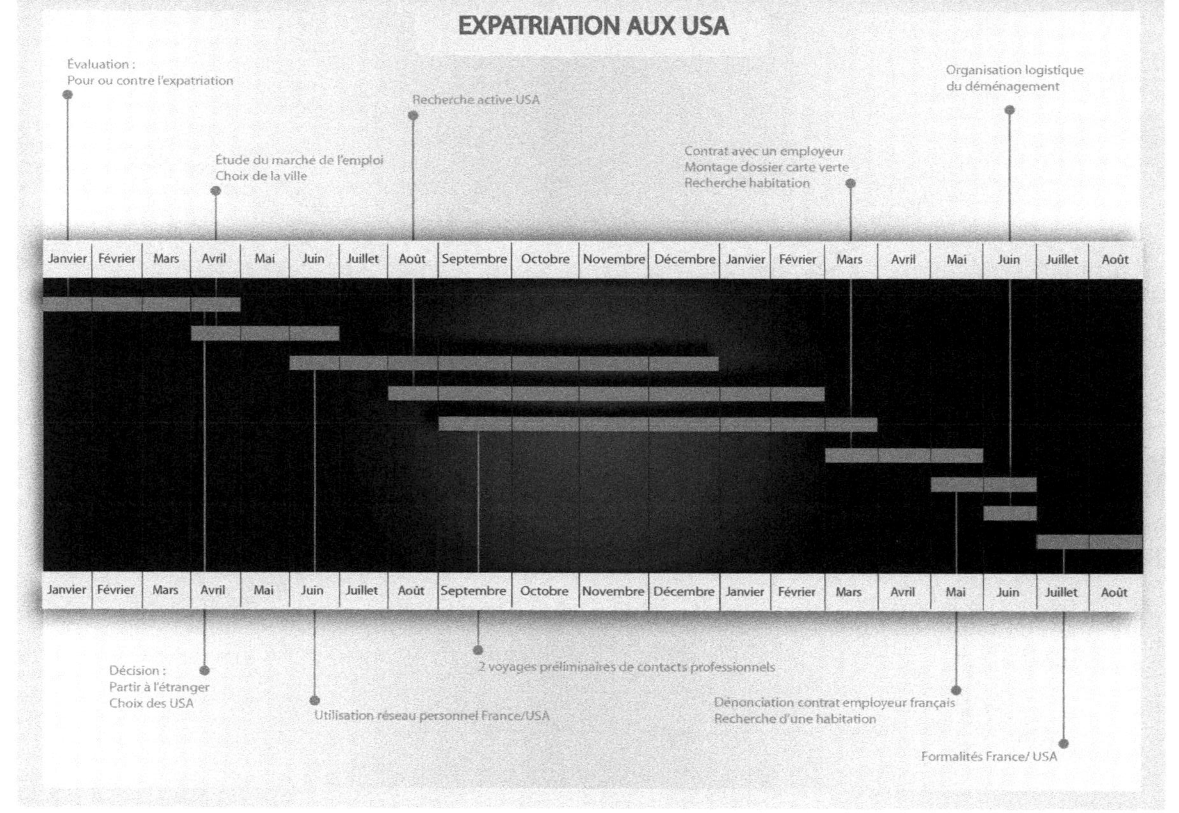

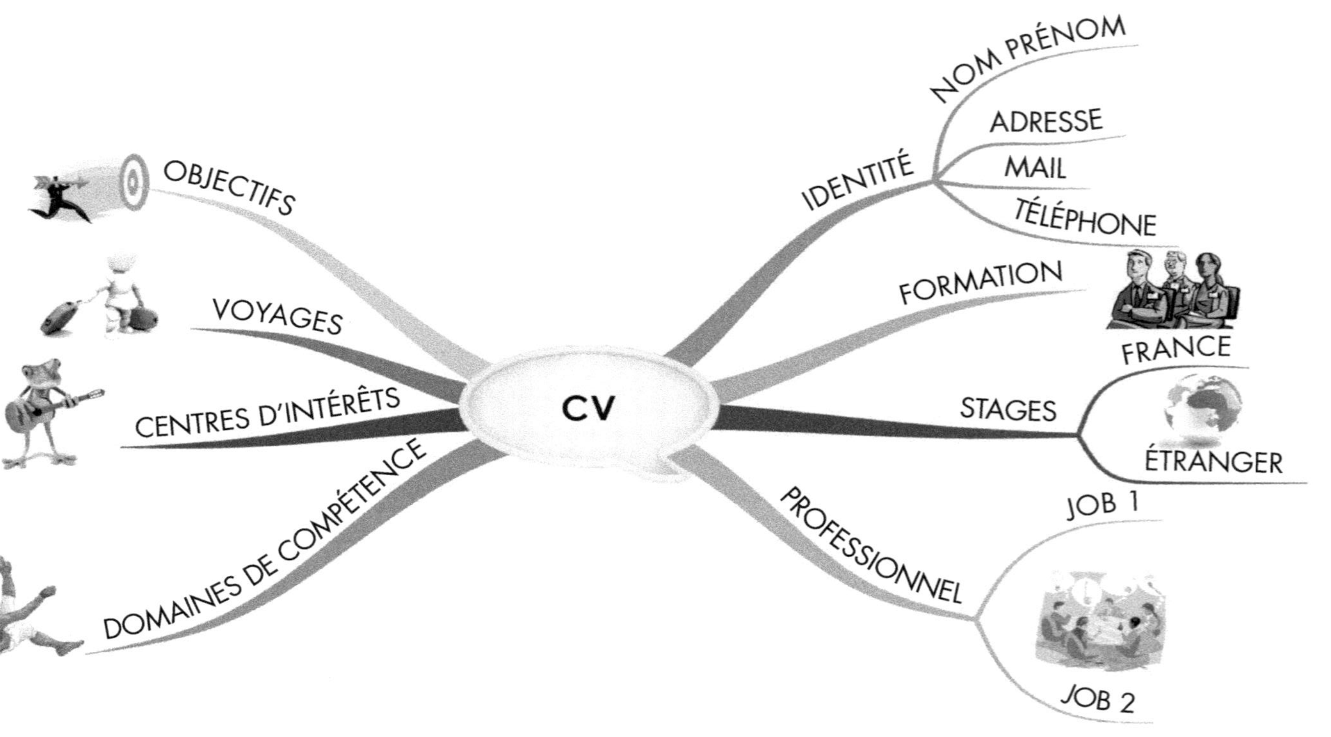
OBJECTIFS
VOYAGES
CENTRES D'INTÉRÊTS
DOMAINES DE COMPÉTENCE
CV
IDENTITÉ
NOM PRÉNOM
ADRESSE
MAIL
TÉLÉPHONE
FORMATION
FRANCE
STAGES
ÉTRANGER
JOB 1
PROFESSIONNEL
JOB 2

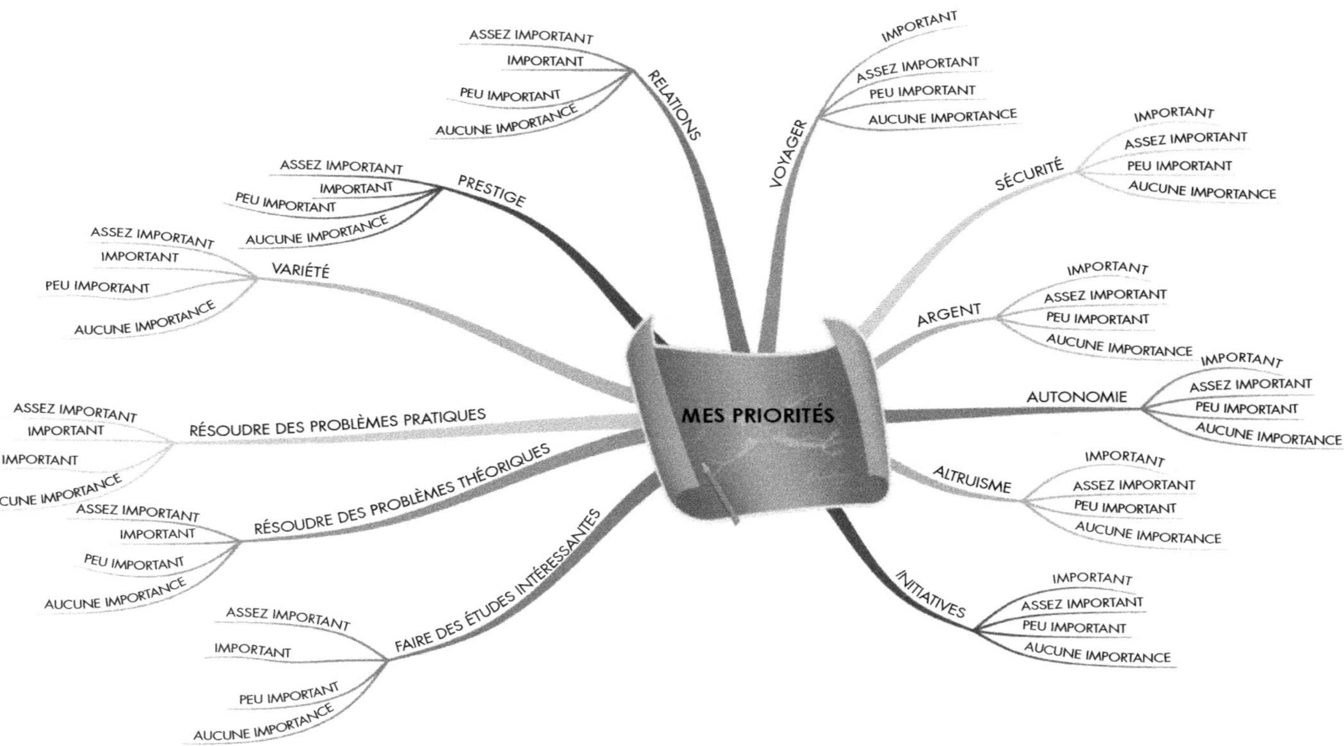
MES PRIORITÉS
RELATIONS
ASSEZ IMPORTANT
IMPORTANT
PEU IMPORTANT
AUCUNE IMPORTANCE
VOYAGER
IMPORTANT
ASSEZ IMPORTANT
PEU IMPORTANT
AUCUNE IMPORTANCE
SÉCURITÉ
IMPORTANT
ASSEZ IMPORTANT
PEU IMPORTANT
AUCUNE IMPORTANCE
PRESTIGE
ASSEZ IMPORTANT
IMPORTANT
PEU IMPORTANT
AUCUNE IMPORTANCE
VARIÉTÉ
ASSEZ IMPORTANT
IMPORTANT
PEU IMPORTANT
AUCUNE IMPORTANCE
ARGENT
IMPORTANT
ASSEZ IMPORTANT
PEU IMPORTANT
AUCUNE IMPORTANCE
AUTONOMIE
IMPORTANT
ASSEZ IMPORTANT
PEU IMPORTANT
AUCUNE IMPORTANCE
RÉSOUDRE DES PROBLÈMES PRATIQUES
ASSEZ IMPORTANT
IMPORTANT
PEU IMPORTANT
AUCUNE IMPORTANCE
RÉSOUDRE DES PROBLÈMES THÉORIQUES
ASSEZ IMPORTANT
IMPORTANT
PEU IMPORTANT
AUCUNE IMPORTANCE
ALTRUISME
IMPORTANT
ASSEZ IMPORTANT
PEU IMPORTANT
AUCUNE IMPORTANCE
FAIRE DES ÉTUDES INTÉRESSANTES
ASSEZ IMPORTANT
IMPORTANT
PEU IMPORTANT
AUCUNE IMPORTANCE
INITIATIVES
IMPORTANT
ASSEZ IMPORTANT
PEU IMPORTANT
AUCUNE IMPORTANCE

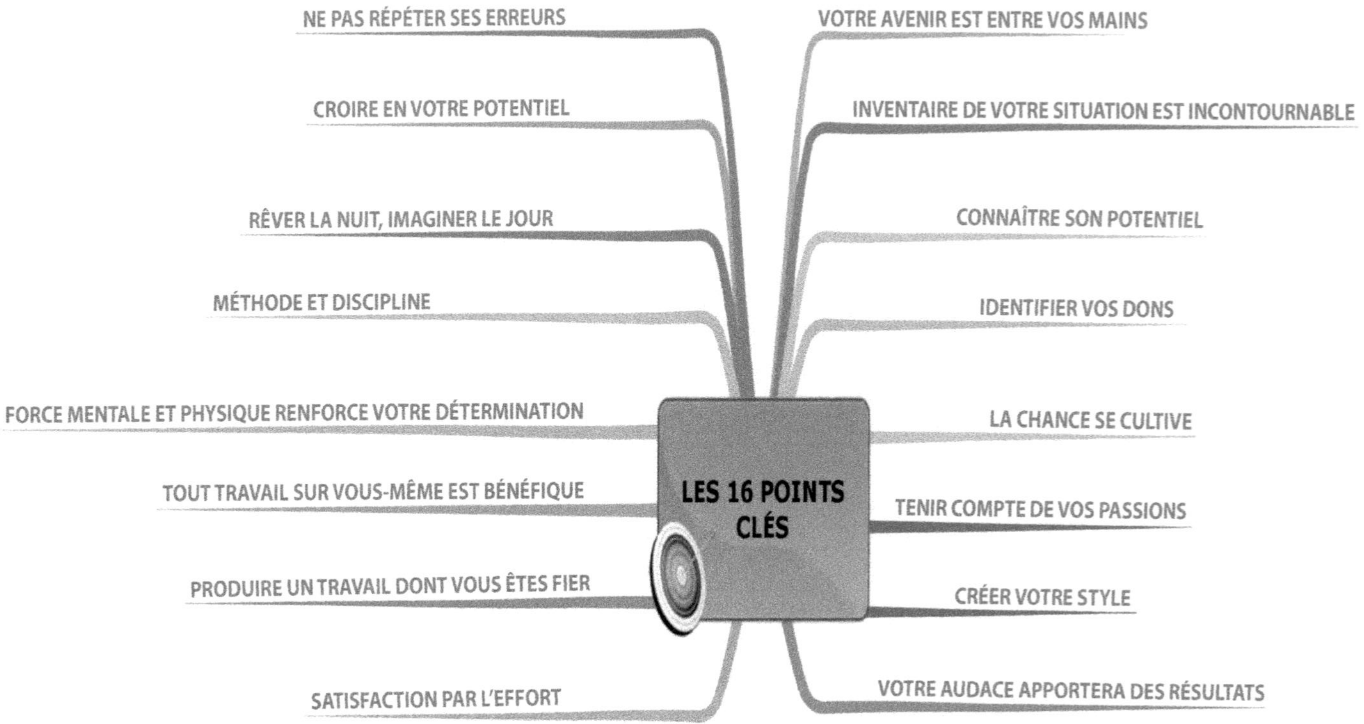

LES 16 POINTS CLÉS
VOTRE AVENIR EST ENTRE VOS MAINS
INVENTAIRE DE VOTRE SITUATION EST INCONTOURNABLE
CONNAÎTRE SON POTENTIEL
IDENTIFIER VOS DONS
LA CHANCE SE CULTIVE
TENIR COMPTE DE VOS PASSIONS
CRÉER VOTRE STYLE
VOTRE AUDACE APPORTERA DES RÉSULTATS
NE PAS RÉPÉTER SES ERREURS
CROIRE EN VOTRE POTENTIEL
RÊVER LA NUIT, IMAGINER LE JOUR
MÉTHODE ET DISCIPLINE
FORCE MENTALE ET PHYSIQUE RENFORCE VOTRE DÉTERMINATION
TOUT TRAVAIL SUR VOUS-MÊME EST BÉNÉFIQUE
PRODUIRE UN TRAVAIL DONT VOUS ÊTES FIER
SATISFACTION PAR L'EFFORT

Effectuez votre choix

« Sans l'audace, l'impossible s'étendrait presque partout »
Bernard Fontenelle

Le choix est le point d'orgue
de votre stratégie professionnelle

Votre projet s'articule entièrement sur le ou les choix que vous allez exercer pendant cette étape : celui de la stratégie que vous allez mettre en place pour atteindre votre objectif, celui de votre rôle, celui concernant le positionnement de votre plus-value, celui de votre mode de rémunération, etc.

Nous avons évoqué la difficulté que chacun de nous rencontrait dans la prise de décision, mais lorsque les options sont bien analysées, lorsque les enjeux sont identifiés, l'exercice du choix sort du domaine cornélien pour devenir un exercice personnel fondé d'abord sur des éléments rationnels, puis sur des considérations personnelles (niveau d'audace, de courage et de flair).

Il va vous falloir également consacrer tout le temps nécessaire pour préciser votre rôle économique, c'est-à-dire la façon dont vous vous identifiez à la vente en termes de distance par rapport au produit ou service que vous proposez.

Enfin, la façon dont vous souhaitez que votre travail soit rémunéré va contribuer à dicter votre choix. C'est ce que nous allons étudier dans cette étape.

Quel genre de décideur êtes-vous ?

L'environnement, allié à notre éducation, nous pousse à la passivité orchestrée dans la vie quotidienne : en avion, au volant, en tant que consommateur, sur le plan de la liberté de parole, etc. En outre, nous sommes témoins quotidiennement de situations non traitées, de décisions reportées par manque de courage jusqu'à ce qu'elles atteignent un état de crise créant alors les conditions nécessaires à leur traitement.

Dans ce contexte, il n'est pas aisé de conserver ses repères et de se comporter de façon « responsable », alors que rien ne nous y prépare, ou plutôt que le *système* contribue à nous décourager face à toute prise de risques (responsabilité civile, responsabilité du mandataire social, etc., avec risque de mise en examen et/ou de garde à vue…).

Il en résulte une aversion profonde au changement dans notre pays, car le *statu quo* est généralement moins répréhensible que l'action, au prix de freiner la nécessaire adaptation de nos structures, de nos institutions et de nos process aux progrès de nos partenaires économiques étrangers. Comment expliquer autrement que la majorité des innovations en provenance des États-Unis soient adoptées en France avec des années de retard ? En fait, les Américains acceptent les nouveautés, les testent et les mettent en place à un tempo beaucoup plus rapide que chez nous.

À MÉDITER

Lorsque nous avons évoqué à la RATP la simplicité de tarification du réseau de métro de Washington D.C. par rapport à la nôtre, il nous a été répondu en 2011 qu'ils l'étudiaient depuis déjà cinq ans. Cinq ans de réflexion sans prise de décision !

Nous vous proposons de faire un point sur la façon dont vous prenez vos décisions, car cette étape est centrée sur le choix d'une stratégie que vous allez devoir exercer. Vous pourrez ainsi mesurer les efforts éventuels à réaliser dans ce domaine.

— Questions 4-1 : Vos choix sont-ils toujours alignés sur vos buts ?

— Question 4-2 : Quelle a été la plus grande décision de votre vie ?

Sur le plan privé :

Sur le plan professionnel :

— Question 4-3 : Quelles ont été vos trois plus mauvaises décisions ?

....

....

— Question 4-4 : Et vos trois meilleures décisions ?

....

....

— Question 4-5 : Quelle est votre priorité lorsque vous prenez une décision professionnelle : efficacité, tranquillité d'esprit, risque personnel minimum, recherche de consensus, partage des responsabilités avec votre hiérarchie, etc. ? Plusieurs réponses possibles, y compris des raisons non citées.

....

....

Votre réponse :

— Question 4-6 : Arrivez-vous à faire la différence entre les décisions importantes et celles qui sont secondaires (qui polluent l'esprit, sont chronophages et donnent l'impression satisfaisante qu'on a été actif plutôt qu'efficace) : business et vie privée ?

Oui – non

— Question 4-7 : Vous sentez-vous plus à l'aise pour traiter des décisions comportant un nombre limité d'options, telles que la recherche d'une promotion dans votre spécialité actuelle (1) ou des décisions faisant appel à votre imagination et dont les choix sont illimités, comme la création d'une nouvelle gamme de produits ou de services dans votre entreprise actuelle (2) ?

(1) ou (2)

— Question 4-8 : Préférez-vous gérer vos décisions de façon autonome (1) ou solliciter des compétences, des avis, des parties prenantes, etc., afin de diluer les responsabilités éventuelles (2) ?

(1) ou (2)

— Question 4-9 : En supposant que la perfection systématique dans le *timing* n'existe pas, avez-vous tendance à prendre vos décisions trop rapidement (1) ou trop lentement (2) ?

(1) ou (2)

— Question 4-10 : Dans le doute, avez-vous tendance à prendre des décisions privilégiant le changement et/ou l'action (1) ou le *statu quo* et/ou la stabilité (2) ?

(1) ou (2)

— Question 4-11 : Quel est votre degré d'implication habituel dans les décisions en matière de management ? Vous donnez l'impulsion et vous faites confiance à votre (vos) collaborateur(s) pour le traitement de la décision (1), vous vous impliquez personnellement dans le traitement de la décision avec votre équipe (2), ou vous gérez la décision seul car vous préférez que les choses soient faites à votre façon (3) ?

(1), (2) ou (3)

— Enfin, question 4-12 (la plus difficile !) : En utilisant le graphe XI du cahier central comme modèle afin de l'adapter à votre cas personnel, pouvez-vous dans un tableau Excel :

* lister en abscisse les événements- ou les postes- successifs qui vous ont conduit à votre situation actuelle ;
* déterminer le degré d'intérêt que vous avez retiré dans chaque poste listé (trait bleu) ;
* déterminer le niveau d'utilisation (toujours sur la même période) de vos loisirs préférés et/ou de vos passions (trait rouge) ;
* indiquer sur le graphe, pour chaque changement, votre degré d'implication personnelle (avec des points jaunes) en utilisant les 5 degrés mentionnés en ordonnée.

Précisez votre rôle économique

Pour que vous soyez à l'aise avec votre positionnement économique, il faut à la fois que vous déterminiez votre rôle dans la commercialisation de biens ou de services, et que vous choisissiez la base de rémunération qui vous correspond le mieux, car tout malentendu sur ces deux notions peut vous aliéner une partie de la satisfaction résultant de votre travail actuel ou à venir.

Votre positionnement dans la vente

Pour schématiser, considérons qu'il existe quatre niveaux décroissants d'implication personnelle dans la vente.

Niveau 1

Un sportif professionnel, un artiste peintre, un interprète, un traducteur, un humoriste, ou encore un auteur-compositeur se vend lui-même, car il s'agit de sa propre performance.

Niveau 2

Un conférencier vend à la fois sa personnalité et le thème qu'il traite, de la même façon qu'un vendeur de voitures, un représentant de commerce ou un agent d'assurances. Également, un comédien vend à la fois son propre talent et le rôle qu'il joue.

Niveau 3

Dans le cas de la vente d'un produit en magasin ou au téléphone (chaîne hi-fi, lave-vaisselle, etc.), de l'achat de services (billets de cinéma, d'avion ou de train), c'est plutôt le produit ou le service qui est l'objet de la transaction ; le vendeur tient alors un rôle secondaire (magasin spécialisé, agence de voyages, etc.).

Niveau 4

Dans une transaction sur Internet, dans un supermarché, il n'y a plus de vendeur. C'est du produit lui-même dont il s'agit à 100 %. La vente est gérée, organisée, structurée à distance. Pour vous dissuader de tout contact direct, le recours à un être humain au téléphone vous est même facturé en euros au temps passé.

Il est donc souhaitable que vous déterminiez comment vous souhaitez vous positionner par rapport à ce que vous souhaitez vendre : vous-même ou votre produit/service. Aux deux premiers niveaux, vous ne pouvez pas déléguer grand-chose, à moins de structurer votre raisonnement sous forme de mode d'emploi, puis de former des experts à le vendre à votre place – ce que font bien les Anglo-Saxons (l'expert en management américain Ken Blanchard avec le « One-Minute

Manager », le psychologue et expert en sciences cognitives maltais Edward de Bono avec le « *lateral thinking* », le coach américain Tony Robbins avec ses programmes « Puissance sans limites » et « Libérez le géant en vous »).

— Question 4-12 : Quel est votre positionnement idéal, c'est-à-dire dans lequel des quatre niveaux précédents vous sentez-vous le plus à l'aise ?

Votre réponse :

Le contenu de la vente

Sur quelle base êtes-vous – souhaitez-vous être – rémunéré ? Votre temps, votre capital, votre performance personnelle, ou vos résultats ?

Ce n'est pas très facile à déterminer, car il s'agit généralement d'un mélange de deux, trois ou quatre sources de rémunération. Il est cependant fondamental que vous vous positionniez dans ce domaine également, avant de concrétiser le projet que vous avez progressivement élaboré au cours des étapes précédentes…

Prenons quelques exemples :

— Lorsque vous vendez une baguette de pain, vous vendez surtout du résultat (un bien consommable), car le client n'est pas intéressé par le temps que vous avez mis à la fabriquer.

— Lorsque vous vendez une conférence, vous vendez un mélange de performance et de résultat. La durée de la conférence n'est pas primordiale.

— Lorsque vous êtes employé dans une administration, vous vendez surtout du temps (sous forme d'une présence quotidienne), et moins de résultat (car il dépend essentiellement de la fréquentation quotidienne, sur laquelle vous n'avez pas de prise directe). Votre performance personnelle compte donc peu. C'est plutôt votre contre-performance qui est évaluée, car elle est plus facile à identifier par votre hiérarchie.

— Lorsque vous donnez un récital de musique, vous vendez du temps et de la performance. Le résultat est éphémère ; il ne reste rien, à moins que votre récital ne soit enregistré.

— En tant que manager, vous vendez du temps, de la performance et du résultat. Le manager qui viendrait au bureau deux heures par jour pour gérer son équipe ne serait pas très bien considéré en interne, même si l'équipe sous sa direction réalisait des performances exceptionnelles. Quant à la performance, elle est liée à l'efficacité de votre temps de travail.

— Le médecin et l'avocat vendent tous deux un mélange de temps (l'écoute, la recherche, la production) et de résultat (la guérison, le dossier gagnant). La performance n'intéresse que les initiés. Cependant, leur parcours diverge à un point donné :

- dans le cas du médecin : plus vous guérissez vite, moins il vous vend de temps (car vous ne revenez pas…) ;
- dans le cas de l'avocat : plus vous êtes satisfait, plus il peut vous vendre de temps…[1]

— Le consultant et le coach sont censés vendre du résultat ; or, ils sont généralement rémunérés au temps passé, ce qui n'est pas logique. Pourtant, cela sert de dénominateur commun aux deux parties.

— Seule la rémunération d'un capital (location, plus-value immobilière, trading, placement boursier, articles de collection, etc.) permet de s'extraire de la notion de temps, même si sa gestion peut être relativement chronophage.

Il n'est donc pas évident d'identifier et de séparer la notion de temps de celle de plus-value (capital, performance ou résultat), mais dans votre cas, il est important que vous clarifiiez le contenu de la vente. C'est ce que nous allons examiner ci-après :

---

1 Les avocats américains proposent souvent d'être rémunérés sous forme de pourcentage des sommes récupérées, bien que les clients aient du mal à connaître les montants exacts versés à leurs avocats…

Que préférez-vous vendre (choisissez une seule réponse) :

- de la performance ;
- du résultat ;
- du temps ;
- la rémunération d'un capital ?

Les calculs de rendement de votre travail

Pour calculer le rendement de votre travail, il est nécessaire de rapprocher vos revenus (valeur ajoutée et/ou salaire) du temps consommé à les obtenir. En effet, en prenant le cas d'une activité de trading, votre rendement se calcule par le ratio : valeur ajoutée (ou marge) par opération/temps passé pour la réaliser.

Si vous exercez une activité non salariée, il convient d'effectuer le ratio revenu/temps passé.

Si vous agissez en tant qu'agent indépendant (immobilier, assurances, etc.), c'est le montant de vos commissions divisé par le temps que vous avez consacré à votre activité qu'il s'agit de calculer.

Par opposition, il n'y a pas de valeur ajoutée dans le temps salarié : vous êtes rémunéré xx € de l'heure, ou xxx € par mois sur la base de trente-cinq heures par semaine. La valeur ajoutée se limite à la prime d'objectif éventuelle, ou à la commission sur chiffre d'affaires que l'on peut vous accorder à la fin de l'année. Votre rendement correspond alors à la somme des deux divisé par le temps passé total.

Ce qu'il importe de déterminer, c'est donc à la fois le rendement recherché par rapport à votre temps de travail, et le type de valeur ajoutée constitutif de vos revenus.

En résumé, toute évaluation d'un travail se fait sur la base d'un triple rendement :

1. plus-value de votre capital le cas échéant (investissement immobilier, trading, location, etc.) ;
2. rendement de votre temps travaillé ramené à l'heure (*cf.* les calculs proposés dans l'étape 1) ;
3. rendement de votre valeur ajoutée : contacts professionnels, savoir-faire, performance, détention d'informations, connaissances techniques particulières, etc.

— Question 4-13 : Chacun de nous privilégie un mélange des trois rendements précédents, et nous vous suggérons de réfléchir à celui qui vous convient le mieux.

EN PRATIQUE

Dans le cas de chambres d'hôtes, sur les 100 % de rendement total que vous escomptez, supposons que vous souhaitiez que le rendement 1 contribue à hauteur de 10 %, le rendement 2 (estimé à 20 € de l'heure pour votre travail quotidien x 50 heures/semaine) à hauteur de 70 %, et le rendement 3 (choix du site, décoration, communication, accueil, etc.) à 20 %. Voyez la représentation graphique ci-dessous :

Chambres d'hôtes

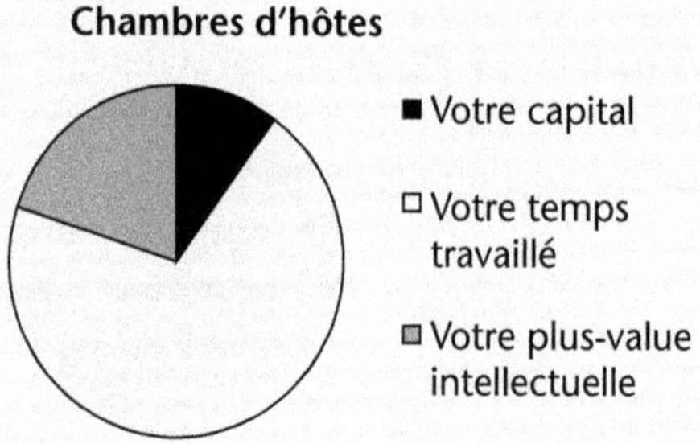

Votre réponse[1] :

---

1 Effectuez des graphiques similaires sur Excel de façon à vous familiariser avec la notion de rendement de votre activité, jusqu'à ce que le résultat corresponde à votre choix idéal.

Le moment de choisir

Il s'agit de l'étape clé de votre projet. Quelle stratégie allez-vous suivre pour atteindre l'objectif que vous vous êtes fixé ? Revoyons l'ensemble de la méthodologie :

— Votre objectif : par exemple, exercer un métier en dehors de l'effervescence des grandes villes – ou sans gérant – (par exemple : patron de boutique spécialisée, agent commercial, attaché de presse *free lance*, coach, etc.).

— Vous avez étudié les modalités de chacune des options envisageables : investissement initial, rentabilité, délais, connaissances requises, formation complémentaire, etc.

— Il faut à présent effectuer un choix. Si vous êtes seul concerné, c'est techniquement difficile, mais vous n'avez pas besoin de « vendre » votre choix autour de vous. Si vous vivez en couple et/ou avec vos enfants, il faut tenir compte de leur avis, même si les aspects techniques ont été traités, expliqués et détaillés précédemment.

Votre choix stratégique dépend également du type d'audace dont vous disposez pour le concrétiser. Par exemple, acheter une fermette en pleine campagne pour la transformer en chambres d'hôtes ne peut pas se comparer à la création ou au rachat d'une entreprise de sous-traitance artisanale ou industrielle.

EN PRATIQUE

Pour effectuer un choix en vous plaçant dans les meilleures conditions de succès, la méthode rationnelle-irrationnelle est sans aucun doute la plus sûre. Elle consiste à examiner rationnellement tous les éléments que vous avez préparés en soupesant chacun d'eux, en les comparant, en les opposant, sans émotion, sans prendre parti à ce stade.

Par exemple :

Si vous rachetez une TPE de sous-traitance, vous réaliserez un chiffre d'affaires, mais le personnel existant peut ne pas vous convenir à 100 %.

Si vous créez votre entreprise, vous pourrez l'organiser à votre façon, mais vous n'aurez peut-être pas de « talent » pour recruter un personnel fiable et loyal.

Si vous vous installez dans un environnement rural agréable, vous aurez peut-être du mal à trouver une clientèle locale et vous perdrez beaucoup de temps en déplacements pour prospecter et/ou servir vos clients.

Si vous ne souhaitez pas investir vos propres deniers, vous prenez le risque de dépendre d'investisseurs extérieurs pressés de rentabiliser leur investissement, par besoin de liquidités ou pour se faire rembourser (organismes de crédit), qui peuvent reprendre le contrôle de votre entreprise.

Puis réfléchissez librement – irrationnellement (impressions, sensations, intuition) – aux différentes options que vous étudiez, et éliminez-en progressivement une ou deux.

Reprenez votre dossier rationnellement et confirmez ou infirmez votre intuition.

Et ainsi de suite, jusqu'à ce que vous déterminiez l'option qui vous convient le mieux.

Existe-t-il une « *fall-back position* » ?

Le choix que vous venez d'effectuer comporte-t-il une possibilité de retour en arrière ? Certains de nos clients ont obtenu l'engagement de leur employeur de les reprendre pendant une période de douze mois pendant laquelle ils tentaient de mettre leur projet en place.

EN PRATIQUE

Dans certains cas, le congé sabbatique est une solution à la fois flexible et sage à négocier à l'avance, sachant que votre place sera sans doute prise par un collègue nommé en interne ou recruté à l'extérieur, et que votre retour posera certainement des problèmes de réinsertion, de la même façon qu'un expatrié, voire un congé maternité ou parental prolongé. Le seul risque est donc lié à la perte de votre poste à votre retour, et à l'obligation d'accepter celui qu'on vous proposera...

Des essais sont-ils possibles ?

Si vous n'arrivez pas à vous libérer comme suggéré dans le paragraphe précédent, ou si vous pensez pouvoir lancer votre projet en parallèle de votre emploi actuel, vous pouvez déléguer une partie de sa mise en place à un proche, à votre conjoint ou à un nouvel associé. Vous pourrez télécommander les premiers essais et, lorsque vous les jugerez concluants, vous pourrez décider de le rejoindre en vous y consacrant à plein temps.

À MÉDITER

Un banquier envisageait de changer de carrière à quarante-cinq ans. Il lança un concept de traçabilité de meubles anciens et d'œuvres d'art en coopération avec la police. Pendant une phase de transition, il confia le lancement du projet à son épouse. Lorsqu'ils s'aperçurent que le projet n'était pas viable, ils l'abandonnèrent et cet ami continua d'évoluer dans la banque. Comme il avait tenté l'expérience, il n'éprouva jamais le regret de ne pas avoir essayé.

Avez-vous un plan B ?

Le plan B est une variante de la « *fall-back position* », sauf qu'il ne s'agit pas d'un retour en arrière, mais d'une translation du premier projet sur un second.

Ce dernier peut être plus ambitieux que le premier, c'est-à-dire que vous constatez que votre projet n'a de chance de réussir que si vous injectez une somme suffisamment importante (par exemple agrandir les locaux, recruter une force de vente, financer une campagne de communication, constituer des stocks, etc.).

Cependant, votre second projet peut également être plus modeste que le premier : pas de stocks, pas de locaux loués au début, pas de personnel salarié, matériel en location ou en leasing, etc.

Le plan B peut également être plus éloigné du projet initial. Par exemple, si votre objectif consiste à créer une structure de distribution aux États-Unis et que vous ne trouvez pas d'investisseurs locaux pour vous aider à concrétiser votre projet (tel que la distribution de vins français), ou que les difficultés administratives d'importation sont trop contraignantes, vous pouvez vous faire recruter par un distributeur déjà établi, ou importer d'autres produits de France moins réglementés.

Reprendre votre liberté ?

Supposons que votre métier actuel vous passionne, mais que vous n'arriviez pas à le pratiquer comme vous le souhaitez. Supposons que ce que vous faites dans votre entreprise ne soit pas considéré comme un poste stratégique. Supposons que les moyens dont vous disposez ne suffisent pas à donner à votre spécialité toute sa dimension : personnel insuffisant, investissement initial trop faible, informatique dépassée, locaux inadaptés, etc.

Pourquoi ne pas externaliser votre travail et le proposer en *free lance* ? Vous signez un accord avec votre entreprise pour une période délimitée au terme de laquelle vous assurez le même service que précédemment en échange d'une exclusivité envers vous.

Vous pourrez ainsi étoffer votre structure à partir de votre premier client, puis proposer le même service à d'autres entreprises du même secteur, pour enfin créer la multinationale dont vous rêviez et racheter une tour à La Défense !

À RETENIR

La liberté a un prix : insécurité et instabilité des revenus, risques financiers, dépendance directe de la qualité du travail effectué, incertitudes sur la fidélité de la clientèle, nécessité d'assurer la gestion administrative et financière, et éventuellement de gérer les problèmes de personnel.

Cela dit, le statut de salarié se paie également : dépendance envers une hiérarchie qui peut ne pas vous convenir, périmètre d'action limité, compartimentage des fonctions, esprit d'équipe à géométrie variable, avenir et sécurité d'emploi devenus aléatoires, etc.

Cependant, vous avez désormais effectué votre choix entre les différentes options que vous avez consciencieusement étudiées. Ce choix doit dériver du positionnement économique qui vous correspond le mieux. Certains d'entre vous se sentent plus à l'aise dans un poste de salarié alors que d'autres préfèrent la liberté de l'entrepreneur, voire le statut de free lance.

Nous allons pouvoir passer à la phase de préparation de votre plan d'action, essentielle pour assurer le futur succès de votre projet.

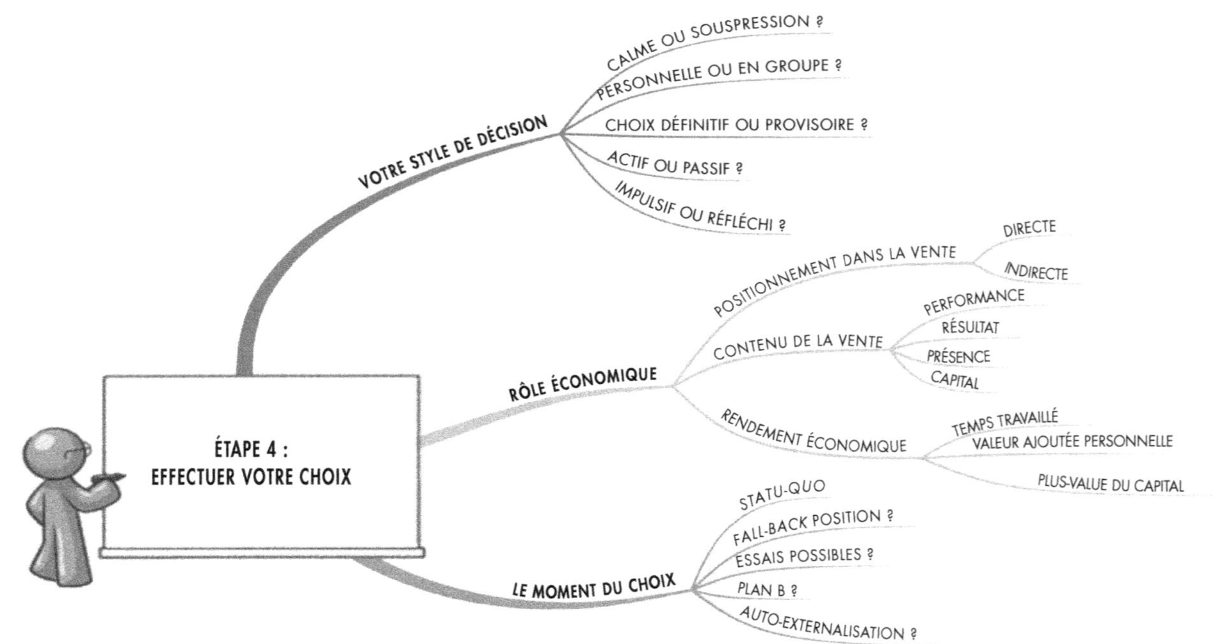
VOTRE STYLE DE DÉCISION
CALME OU SOUSPRESSION ?
PERSONNELLE OU EN GROUPE ?
CHOIX DÉFINITIF OU PROVISOIRE ?
ACTIF OU PASSIF ?
IMPULSIF OU RÉFLÉCHI ?
RÔLE ÉCONOMIQUE
POSITIONNEMENT DANS LA VENTE
DIRECTE
INDIRECTE
CONTENU DE LA VENTE
PERFORMANCE
RÉSULTAT
PRÉSENCE
CAPITAL
RENDEMENT ÉCONOMIQUE
TEMPS TRAVAILLÉ
VALEUR AJOUTÉE PERSONNELLE
PLUS-VALUE DU CAPITAL
ÉTAPE 4 :
EFFECTUER VOTRE CHOIX
LE MOMENT DU CHOIX
STATU-QUO
FALL-BACK POSITION ?
ESSAIS POSSIBLES ?
PLAN B ?
AUTO-EXTERNALISATION ?

Passer à l'action

On dit toujours que c'est le premier pas qui compte. Mais l'action ne représente pas le premier pas si elle est bien préparée. Elle n'est que la concrétisation de la stratégie que vous avez élaborée. Une action se « déroule », ce qui veut bien dire qu'elle a été préalablement enroulée, packagée, planifiée. D'ailleurs, l'histoire nous a prouvé maintes fois que les grandes batailles étaient généralement gagnées ou perdues avant même d'être lancées.

Ainsi, Jean-Cyrille Lecoq, psychologue du sport et entraîneur de sportifs de compétition (voir l'annexe 1), est-il capable de déceler le vainqueur d'un match au moment où les adversaires montent sur le ring, s'approchent de la piscine, ou pénètrent sur le court de tennis…

De la même façon, le projet que vous avez retenu, quelles que soient son ampleur et son ambition, est gagné à l'avance si votre préparation a été menée avec soin et professionna-lisme, aussi bien dans ses aspects quantitatifs (budgets, délais, moyens techniques, etc.) que qualitatifs (votre équipe, vos services, votre communication, etc.).

La difficulté va se situer plutôt sur le plan de votre aptitude à gérer les difficultés, les obstacles, les échecs, etc., qui vont jalonner votre parcours. Et c'est dans un tel contexte que vos capacités d'audace, de détermination et de persévérance évoquées précédemment, vont prendre toute leur dimension, afin de « réussir » ce que vous avez entrepris.

Organisez votre plan d'action

« Le tact dans l'audace, c'est de savoir jusqu'où on peut aller trop loin »
Jean Cocteau

Préparez-vous comme un champion

Il convient à présent de mettre un plan d'action au point. Par exemple, pour la création d'une activité de chambres d'hôtes, le plan d'action est assez simple à préparer :

- *choix de la région ;*
- *choix d'un mode de recherche de fermettes ;*
- *utilisation de votre réseau de relations ;*
- *renseignements sur les modalités d'enregistrement dans les systèmes des chambres d'hôtes et les contraintes ;*
- *organisation des recherches sur place ;*
- *visites de maisons d'hôtes existantes, discussions avec les propriétaires ;*
- *étude de la saisonnalité et des autres sources de revenus induites (accords avec fournisseurs locaux, visites guidées) ;*

- *moyens de communication avec les touristes dans leurs pays d'origine ;*
- *analyse des procédures, normes, réglementations en vigueur ;*
- *réalisation d'un business plan.*

Chaque élément du plan d'action doit être chiffré et accompagné d'une date de lancement et de finalisation prévue. L'ensemble doit correspondre aux éléments de la stratégie fixée (voir la mind map XII dans le cahier central).

Travaillez votre communication

On ne peut pas dire que nous soyons des champions de la communication dans notre pays et cela pourrait s'expliquer pour deux raisons : il y aurait deux tiers d'introvertis en France contre seulement un quart dans des pays comme les États-Unis ; en outre, notre éducation ne nous incite pas à nous exprimer franchement, ni chez soi, ni à l'école, surtout en cas de désaccord, rapidement assimilé à une remise en cause ou un manque de respect (« Tu parleras quand on t'adressera la parole »). De toute façon le droit à la parole s'acquiert très tard (question à la fille : « *Quel âge as-tu ?* » ; réponse du père : « *Elle va avoir seize ans* »…)

Nous ne ferons qu'évoquer les techniques de questionnement qui ont été largement utilisées depuis Socrate. Cependant, le questionnement se travaille, se développe et se rode, car un entretien s'avère intéressant ou non en fonction de la qualité de vos questions. La situation à laquelle nous sommes arrivés dans les échanges entre les politiques et les journalistes devrait renforcer cet argument…

Toutefois, indépendamment de l'art de poser des questions, il est également utile de s'entraîner à dialoguer sous forme de questions, c'est-à-dire à répondre à des affirmations ou à des questions par des questions, ce pour deux raisons :

- lorsqu'on ne tient pas à donner son avis, ou à s'engager sur un sujet ;
- lorsqu'on cherche à obtenir plus d'informations et/ou plus de précisions de la part de son interlocuteur avant de prendre parti.

Afin d'améliorer la qualité de votre communication avec les tiers dans le cadre de vos entretiens, vos interviews, vos enquêtes, et surtout vos recherches d'associés ou de partenaires professionnels, nous vous proposons d'acquérir deux techniques de communication de natures complémentaires, car elles examinent les principales caractéristiques constitutives d'une personnalité et vous permettent ainsi de vous faire une idée plus précise des personnes que vous avez en face de vous.

La plus simple d'utilisation, la méthode Soncas, se concentre sur l'observation des préférences et des préoccupations de chacun, alors que Process Com s'intéresse à l'identification des différents types de personnalité que l'on peut rencontrer (une formation technique est souhaitable pour être en mesure de manier ce concept avec aisance).

Tous les détails sur ces deux techniques étant disponibles sur Internet, nous allons nous contenter de les exposer brièvement, afin de susciter votre intérêt.

Méthode Soncas

Cette méthode est fondée sur l'identification du mode de fonctionnement de votre interlocuteur ; c'est sans doute la plus connue et la plus utilisée dans la négociation, car elle a l'avantage d'être rapide à assimiler et redoutablement efficace.

Chaque lettre correspond à un mot qui met en avant une des caractéristiques dominantes d'une personne, ce qui a le plus d'importance pour elle. Pour ce faire, il faut, à travers des questions ou une écoute sélective, repérer chez elle le sujet auquel elle est sensible. Si par exemple elle ne cesse de parler « rentabilité » *ou* « économies », alors nous en concluons que dans le Soncas nous avons affaire au mot « argent » auquel cas, il faudra argumenter au cours de l'entretien en ce sens, par exemple : « Sachez que je suis prêt(e) à faire un effort sur ma rémunération afin de rejoindre votre entreprise. »

Voici les six spécificités :

— Sécurité : vous devez rassurer la personne qui est en face de vous, lui montrer que vous êtes quelqu'un en qui elle peut avoir confiance sur tous les plans.

— Orgueil : jouez sur la fierté qu'elle pourrait ressentir à l'idée de vous avoir convaincu, compte tenu de vos diplômes. L'important est le prestige.

— Nouveauté : mettez en avant votre adaptabilité aux nouvelles technologies et votre intérêt pour ce qui est nouveau. Précisez que le fait d'avoir des formations à suivre et d'occuper un poste relatif à des éléments en constante évolution ne vous fait pas peur.

— Confort : vous devez la convaincre qu'en collaborant avec vous, elle n'aura pas de problème. Ses priorités : facilité, gain de temps, solidité, etc.

— Argent : elle a conscience de la valeur de ce qui l'entoure et n'est pas gaspilleuse. Elle parle en termes de budgets, de rentabilité, de rapport qualité-prix.

—Sympathie : vous mettez un point d'honneur à être aimable et souriant dans le cadre du travail. Ce genre de personne « fonctionne » au coup de cœur, est d'un naturel confiant, n'a pas de réelle logique dans ses choix, et privilégie la bonne relation avec les tiers.

Nous vous proposons la méthodologie suivante :

1. Mémorisez et assimilez les six catégories présentées ci-dessus.

2. Intéressez-vous au type de vocabulaire employé par toutes les personnes que vous rencontrez afin de déterminer une tendance.

À MÉDITER

Dans un registre différent, quelqu'un qui parle de « démarrer au quart de tour », « foncer », « passer à la vitesse supérieure », « accélérer », « embrayer », « déraper », « freiner », « caler », « aborder un tournant », etc., n'a pas les mêmes repères qu'une personne qui parle de « lever l'ancre », « mettre les voiles », « s'abriter », « ramer », « réduire la voilure », « virer de bord », « plonger », « refaire surface », « se mouiller », « toucher le fond », » rester à quai »…

Process Com

La Process Communication, dite « Process Com », apporte des réponses pertinentes et opérationnelles permettant de relever les défis de la communication.

Selon Taibi Kahler, docteur en psychologie américain et consultant auprès d'entreprises américaines, dans la communication, c'est plus la manière de dire les choses que le contenu lui-même qui est le plus souvent à l'origine des conflits, des incompréhensions, des mésententes, ou des blocages, etc. Il a ainsi progressivement élaboré sa méthode, la Process Communication, qui démontre qu'un bon processus de communication permet d'établir une relation constructive, de réduire la pression ambiante, de développer la motivation, de libérer le désir de coopérer.

La Process Com reconnaît six types de personnalité :

- persévérant ;
- « travaillomane » ;
- promoteur ;
- rêveur ;
- empathique ;
- rebelle.

L'évolution récente du pouvoir hiérarchique a fait perdre aux cadres leur autorité traditionnelle. Ils doivent mettre en avant leur charisme, leur leadership, leur capacité à développer des relations constructives avec les collaborateurs qui les entourent.

Dans les partenariats internationaux, les conflits ou les incompréhensions dus aux cultures différentes nécessitent un fort investissement en termes de compréhension mutuelle et de communication. Les équipiers doivent se comprendre pour pouvoir travailler ensemble et coopérer.

Dans les relations commerciales, la tendance à la banalisation de l'offre rend impératif de se démarquer en analysant plus finement les besoins profonds des segments de marché, et de construire une relation fondée sur la compréhension du mode de fonctionnement de chacun afin de créer une confiance mutuelle.

EN PRATIQUE

Le simple fait de chercher à identifier une spécificité parmi les six types Soncas ou les six types Process Com (tout comme la PNL, l'analyse transactionnelle, l'ennéagramme, le MBTI, etc.) vous offre l'opportunité de vous intéresser réellement à votre interlocuteur ; comme toute technique, c'est dans la pratique quotidienne que vous acquerrez la capacité à vous faire une opinion de plus en plus rapide sur votre interlocuteur.

Le point commun de ces défis réside dans le besoin de développer une communication appropriée, c'est-à-dire qui prenne en compte la spécificité de chacun, et lui permette de donner le meilleur de lui-même, même et surtout dans les situations de conflits d'intérêt.

Acquérez une assertivité et des réflexes adaptés

« Témoigner de sa frustration, de son sentiment d'injustice, c'est déjà permettre à l'autre de s'en apercevoir et potentiellement de corriger le tir. Ce serait dommage de ne pas au moins essayer »
Robert Zuili, coach et psychologue clinicien

Les deux techniques qui viennent d'être présentées doivent déjà renforcer votre capacité à dire non de façon à la fois crédible, civile et déterminée, sans complexe et sans crainte de vexer votre interlocuteur puisque vous savez mieux maintenant comment il fonctionne.

EN PRATIQUE

Dans l'absolu, la meilleure façon de dire non sans heurter consiste non pas à exprimer un refus, mais à accompagner votre interlocuteur dans son raisonnement pour l'amener à changer lui-même d'avis. Les techniques de questionnement évoquées plus haut dans cette étape y contribueront.

Au cours de la mise en place de votre projet, vous allez être amené à vous confronter à votre hiérarchie, à vos associés, à vos concurrents, pour faire valoir vos arguments, quels qu'ils soient. Dans cette perspective, il peut être opportun de vous préparer à des échanges plus ou moins délicats, et vous devez éviter de perdre des opportunités de vous faire respecter par manque d'assertivité : en effet, la forme renforce le fond dans un dialogue.

Il est vrai que dans de nombreux cas, on est tenté de céder à la loi du plus difficile, du plus intransigeant ou du plus pénible ; mais pour quelle raison ? Plusieurs explications sont possibles : parce qu'on craint une escalade ou des représailles ; parce qu'on n'aime pas « monter au créneau » par éducation, par faiblesse, par manque d'habitude de se confronter à l'animosité ou l'agressivité, par manque de confiance en soi...

Mais, ça, c'est le passé ! À partir de maintenant, lorsque vous n'êtes pas d'accord (N + 1, collègue, collaborateur, etc.), dites-le ! Non pas pour gagner ou avoir raison ; ce qui est important, c'est que vous vous exprimiez, d'une part pour permettre à votre interlocuteur de savoir ce que vous pensez, d'autre part et surtout pour que vous ne souffriez pas d'avoir gardé votre sentiment de frustration pour vous.

La réaction – ou la réponse – d'un vendeur, d'un employé ne vous satisfait pas ? Ne vous plaignez pas chez vous ! Écrivez à la direction générale de l'entreprise ou à la personne elle-même... Cela ne prend pas plus de temps que de ressasser le problème devant les personnes non concernées, et cela soulage vos proches qui n'y peuvent rien. En bref, l'action soulage et on peut passer à autre chose.

C'est vrai qu'il est plus difficile de s'exprimer d'égal à égal avec certains métiers du fait de la confusion entre la fonction (Docteur, Maître, Monsieur le Président, etc.) d'une part, et la personne elle-même d'autre part. Solution : évitez de vous sentir inférieur parce que vous n'avez pas de titre ; c'est votre valeur personnelle qui compte.

Face à des critiques et autres jugements de valeur : dépersonnalisez. Vous n'êtes pas nul, vous avez fait une erreur sur un dossier dans le cadre de votre fonction. C'est très différent.

La repartie se travaille comme n'importe quelle spécialité : vous pouvez préférer la façon alignée en restant sur le même registre (par exemple : « Donnez-moi les moyens et l'autorité nécessaires, et je vous ferai le travail que vous demandez pour le 24 décembre ») ou décalée en maniant l'humour ou l'évitement (par exemple : « Si vous croyez au Père Noël, achetez-moi d'abord un traîneau avec des rennes »).

Le contexte et le *timing* doivent également être soigneusement choisis si c'est vous qui prenez l'initiative, notamment concernant le nombre d'interlocuteurs (à deux ou en réunion ?) et le lieu.

Comme toujours, l'objectif prime sur la stratégie : voulez-vous maintenir la relation en l'état ? La recadrer ? La massacrer ? Si vous voulez détendre l'atmosphère, l'utilisation d'un langage imagé, de métaphores, d'exemples vécus, etc., peut contribuer à atteindre votre objectif là où les chiffres, les références à des courriels, SMS et autres mémos n'aboutissent nulle part, car la preuve fatigue la vérité, comme dit le dicton.

Enfin, vous devez être préparé à tout, afin de conserver un calme total et de montrer que vous êtes indémontable...

EN PRATIQUE

En cas d'agressivité de votre interlocuteur, vous pouvez également ne pas rentrer dans son jeu ; dites-lui qu'il semble avoir un problème personnel, et qu'il vaut mieux vous revoir quand il l'aura résolu (par exemple : « Mariez-vous ou divorcez ! »).

En ce qui concerne le responsable hiérarchique ou le patron atteint de « micro-managite » aiguë, c'est-à-dire incapable de confier ou de déléguer une mission sans s'impliquer en permanence dans votre travail en cours (le « *control freak* » pathologique), les trois techniques de communication suivantes peuvent vous permettre de limiter son interférence et de vous sentir « en charge » du dossier ou du projet :

— Ne pas accepter une responsabilité sans en avoir délimité les contours (dont le mode de reporting) avec précision, au risque de l'indisposer. Vous êtes comme ça…

— Ne pas montrer d'agacement ou de vexation lorsqu'il vous dérange ou cherche à vous influencer pour faire les choses à sa façon. S'il agit de la sorte, c'est souvent pour se rassurer, car il a peur de perdre le contrôle de ce qui se passe autour de lui.

— Le devancer en raccourcissant la fréquence du reporting prévu… jusqu'à ce qu'il sature.

Quant à l'art d'accepter un échec dans une négociation sans que cela n'atteigne votre enthousiasme, la meilleure méthode consiste à faire exactement le contraire de ce que chacun de nous est habitué à faire : au lieu de l'anticiper ou de fuir la négociation, entraînez-vous à l'échec ! Dans votre famille, auprès de vos amis, dans la rue, dans le TGV, dans l'avion, dans les magasins… Demandez une réduction, un surclassement, un service, etc., jusqu'à ce que votre réaction devienne naturelle face à une négociation ratée et que vous n'en preniez pas ombrage. Surtout, veillez à ce que votre interlocuteur ne se sente pas gêné… Le pire qui pourrait vous arriver serait de regretter de ne pas avoir demandé sur le moment !

Planifiez votre action avec précision

« Se donner du mal pour les petites choses, c'est parvenir aux grandes avec le temps »
Samuel Beckett

Adoptez la méthode du rétroplanning : si votre projet doit être opérationnel au 1er juin, partez de cette date et remontez tâche par tâche jusqu'à aujourd'hui afin de déterminer le travail à effectuer chaque jour…

Soyez extrêmement précis et montrez-le : si c'est lundi, ce n'est pas mardi. Si vous avez un rendez-vous à 10 heures, organisez-vous pour y être à 10 heures tapantes, mieux, à 9 h 55. Il s'agit d'une discipline à adopter pour vous seul. Peu importe que les autres soient en retard. Vous êtes précis. Point. Un détail qui restera dans la mémoire de ceux qui vous ont rencontré.

À MÉDITER

L'auteur était invité à un petit-déjeuner « informel » au George V par un P-DG américain avec son épouse à 9 heures le 24 décembre. Il arrive devant l'entrée à 8 heures 58… Le P-DG est debout, dehors, sur le perron… Échange de présentations… Ils entrent dans l'hôtel à 8 heures 59… On rencontre l'épouse du P-DG qui sort de l'ascenseur à 9 heures. Normal pour des Américains.

C'est souvent dans le domaine des délais que les prévisions s'avèrent erronées, car les plus pessimistes s'avèrent finalement les plus optimistes avec le temps… Nous vous conseillons de majorer les délais de réalisation de votre projet sous tous ses aspects : préparation, investissement, lancement, commercialisation, équilibre financier, rentabilité. Quitte à les revoir de façon plus optimiste au fur et à mesure que votre projet avance.

Si vous avez des difficultés à vous organiser, à planifier votre travail et à gérer vos priorités sans stress, la méthodologie « Getting Things done », mise au point par David Allen (son livre figure dans la bibliographie en annexe), peut vous apporter une aide importante en tant que discipline rationnelle. Elle consiste en l'intégration de quatre critères : le contexte dans lequel on se trouve, le temps disponible pour réaliser une tâche, l'énergie physique et mentale (voir l'étape 7 de ce livre) et le choix de la priorité du moment.

Communication du choix

Votre choix doit être communiqué à votre entourage ; d'une part, parce que vos proches se sentent concernés, et d'autre part, parce qu'ils doivent passer avec vous à la phase de lancement de votre projet.

— Si vous êtes en poste, vous allez prévenir votre direction ou votre service RH de votre décision.

— Si vous déménagez, vous devez entamer les démarches de dénonciation du bail, de modification d'adresse, de changement d'opérateur, par exemple.

— Si vous recrutez un collaborateur, si vous traitez avec un investisseur, ou si vous êtes en cours de négociation pour un local et/ou un logement, toutes les démarches doivent être effectuées à ce stade.

À présent que votre stratégie est établie, vous allez devoir construire les messages qui vont vous permettre de la mettre en œuvre. Identifiez les personnes qu'il vous faut convaincre et construisez une proposition de valeur pour chacune de ces personnes.

Votre proposition de valeur doit comporter au moins trois éléments clés :

— Une accroche : donnez envie à votre interlocuteur de vous écouter. Logiquement, il est préférable de partir des besoins de l'interlocuteur : « J'ai entendu que vous cherchiez à développer le sens commercial de votre équipe, etc. »

— Une proposition : en quoi pouvez-vous être utile à votre interlocuteur. « Il se trouve que j'ai développé une approche tout à fait originale dans ce domaine, etc. »

— Des preuves : des faits tangibles qui vous rendent crédible. « Je l'ai mise en service dans mon service actuel et les ventes ont progressé de 10,5 % en dix-huit mois. »

Les étapes intermédiaires

Quelles sont les étapes intermédiaires ? Vous devez les lister sur un tableau Excel, leur attribuer un budget, des conditions de réalisation, une durée de mise en place, et surtout déterminer l'ordre dans lequel elles doivent être exécutées.

À MÉDITER

Un cadre français décide de s'expatrier aux États-Unis en travaillant pour un employeur local. Les étapes intermédiaires concernent la réception/ négociation du contrat, la dénonciation de son contrat de travail français, l'organisation du transport de ses meubles par container, la dénonciation du bail de son appartement, la recherche d'un appartement sur place, l'achat du billet d'avion, et enfin la prise d'un logement temporaire en France pendant sa période de préavis chez son employeur actuel. En fait, ce n'est pas évident, car certaines étapes sont concomitantes, alors que d'autres sont séquentielles. Mais c'est plus clair sur un tableau rassemblant tous les éléments (voir la *mind map* XIII dans le cahier central).

Le lancement

Vous pouvez opter pour un lancement immédiat ou progressif. Attention au risque classique qui consiste à initier plusieurs négociations de façon concomitante (association avec un investisseur, emprunt bancaire, *business angels*, etc.) et à espérer que la plus valable se déclare en premier… ou à laisser le sort effectuer un choix à votre place.

En outre, vous devez non seulement vous engager, mais surtout bien montrer que vous le faites dans une voie déterminée. En effet, votre pouvoir de conviction est lié à votre détermination et à votre engagement personnel à aller au bout, à vous impliquer corps et âme dans votre projet[1].

---

1 Le risque des demi-engagements réside dans la conviction *ex post* que l'échec éventuel résulte de la qualité du projet, alors qu'il est directement lié à la qualité de l'engagement et au pouvoir de conviction dont on s'est armé.

Un rythme adapté à votre statut et à votre personnalité

Tout dépend de votre processus de décision évoqué précédemment : est-il lent ou rapide ? En ce qui concerne votre activité professionnelle, qui représente les deux tiers de votre temps actif (voir l'étape 3), il faut vous donner le temps d'agir, mais en vous fixant des échéances.

En général, d'après les cas que nous avons traités, il faut compter huit à douze mois pour mettre en place un changement important dans sa carrière.

Faites attention cependant à l'environnement qui évolue vite : il arrive souvent qu'une idée géniale soit dans l'air, comme cela a été le cas pour l'invention des premières automobiles, des premiers avions, des premiers ordinateurs, des premiers smartphones, etc., ce qui veut dire que si vous ne mettez pas votre idée à profit assez rapidement, elle risque d'être reprise par d'autres.

Enfin, si vous envisagez de créer une société de services dans une zone géographique déterminée, prenez garde de ne pas assister impuissant à la création d'un service équivalent… par un autre plus rapide que vous !

Rendez-vous visible

Tout est possible aujourd'hui pour être visible ! Les moyens à votre disposition sont illimités grâce à Internet si vous optez pour une approche originale.

Avant toute chose, il convient de bien séparer les réseaux et les circuits. Nous avons évoqué le *personal branding*, le fameux *networking* et les principaux *réseaux sociaux* au cours de l'étape 2. En plus d'être devenu un business lucratif (abonnements Internet, cartes de membres, etc.), la constitution d'un réseau fait partie des premiers conseils donnés à toute personne cherchant à obtenir « quelque chose » de « quelqu'un ».

À MÉDITER

Comme toute formule surutilisée, les réunions de type réseau attirent de moins en moins les seules personnes qui vous intéressent vraiment : chefs d'entreprise, investisseurs, journalistes, clients potentiels, etc., qui sont trop sollicités et qui n'y voient plus leur intérêt immédiat. Vous rencontrerez essentiellement des indépendants, des personnes comme vous : consultants, experts-comptables, avocats, etc., à la recherche d'opportunités de business.

Cependant, le concept de « circuit » est moins banalisé, car il est fondé sur l'action ; il tient en trois principes :

— Principe 1 : si vous voulez recevoir, la première chose à faire consiste à donner.

— Principe 2 : si vous voulez être visible, mettez-vous en position de l'être.

— Principe 3 : si vous avez un talent, faites en sorte de le démontrer, plutôt que d'en parler.

Examinons-les de plus près.

Principe 1 : donner avant de recevoir

Il existe un nombre important d'organismes professionnels (exemple : DCF – Dirigeants commerciaux de France), d'associations professionnelles à caractère territorial (exemple : Vivre et entreprendre), de groupes de recherche spécifiques (exemple : les comités techniques de l'Institut français des administrateurs – IFA), que vous pourrez intégrer facilement. Si vous participez régulièrement à leurs activités, votre bonne volonté sera appréciée et des rôles vous seront offerts qui vous permettront de contribuer à leur fonctionnement ou à leurs événements. En échange, vous ferez partie de leur circuit et pourrez solliciter des services, des introductions.

Principe 2 : faire en sorte d'être visible

Vous avez un nouveau concept, un nouveau service, un produit original à présenter ? Proposez d'intervenir en public pour des organismes spécialisés (voir le principe 1 ci-dessus) lors de manifestations comme le Salon des entrepreneurs, de réunions mensuelles aux CCI, au sein d'associations régionales de développement, d'organismes locaux comme Synergia à Caen, dans les écoles de commerce, etc.

Vous rencontrerez beaucoup plus de clients ou de partenaires potentiels qu'en envoyant une brochure par la Poste, qui va se perdre dans l'immensité du courrier reçu chaque jour par les entreprises.

Principe 3 : démontrer son talent

Vous dites : « je suis un organisateur exceptionnel » ; « je suis très expérimenté en logistique » ; « je suis bilingue français-russe » ; « je connais tous les circuits d'achat de billets d'avion ou de matériel informatique », etc.

Eh bien, trouvez – ou mieux encore créez – des opportunités pour le prouver : un dossier particulièrement complexe à gérer ? Un événement important à mettre au point ? Un document à traduire ou une réunion nécessitant un interprète ? Des billets d'avion ou des ordinateurs à acheter aux meilleurs prix ? Positionnez-vous à chaque fois, systématiquement.

À MÉDITER

Thibault, diplômé d'une grande école de commerce, décide courageusement de quitter le monde des affaires pour se consacrer à sa passion : la peinture. Il a lancé son projet progressivement, en exposant d'abord dans un garage, en communiquant auprès de tous les réseaux sociaux, en envoyant systématiquement des invitations à tout son réseau de façon à être à la fois pris au sérieux et visible. Aujourd'hui, il possède sa propre galerie et expose régulièrement dans nombre d'endroits insolites.

À RETENIR

Quel que soit le type de projet auquel vous avez décidé de vous consacrer, les outils de communication et de planning qui vous ont été présentés dans cette étape vont vous permettre à la fois de gagner du temps, et d'acquérir des compétences supplémentaires dans le domaine de l'interaction avec votre environnement.

Nous avons également insisté sur le besoin de faire preuve d'assertivité, car nous avons trop vu de professionnels efficaces dans leur travail se montrer démunis face à leur hiérarchie, leurs associés, leurs banquiers, etc., dans des situations qu'ils n'avaient pas anticipées. Or, la réponse à une objection ou une critique doit être immédiate, mesurée et adaptée au contexte. Rien ne sert de se rassurer après coup en en parlant autour de soi et de chercher à s'affranchir des reproches avec des : « j'ai failli lui dire que… », « j'avais envie de lui répondre que… », « je n'ai pas pensé sur le moment », etc. On ne gagne pas une compétition deux heures après la fin…

Quant à votre visibilité, des experts existent pour vous assister dans ce domaine. Que vous fassiez de la recherche, que vous transcriviez des partitions, que vous ayez une activité humanitaire, etc., votre visibilité est à la fois une assurance de votre positionnement sur l'échiquier économique et la preuve que vous apportez une contribution positive dans le domaine que vous servez.

Il n'y a maintenant plus d'obstacle à ce que vous concrétisiez votre projet, et c'est ce à quoi nous allons nous consacrer dans l'étape suivante.

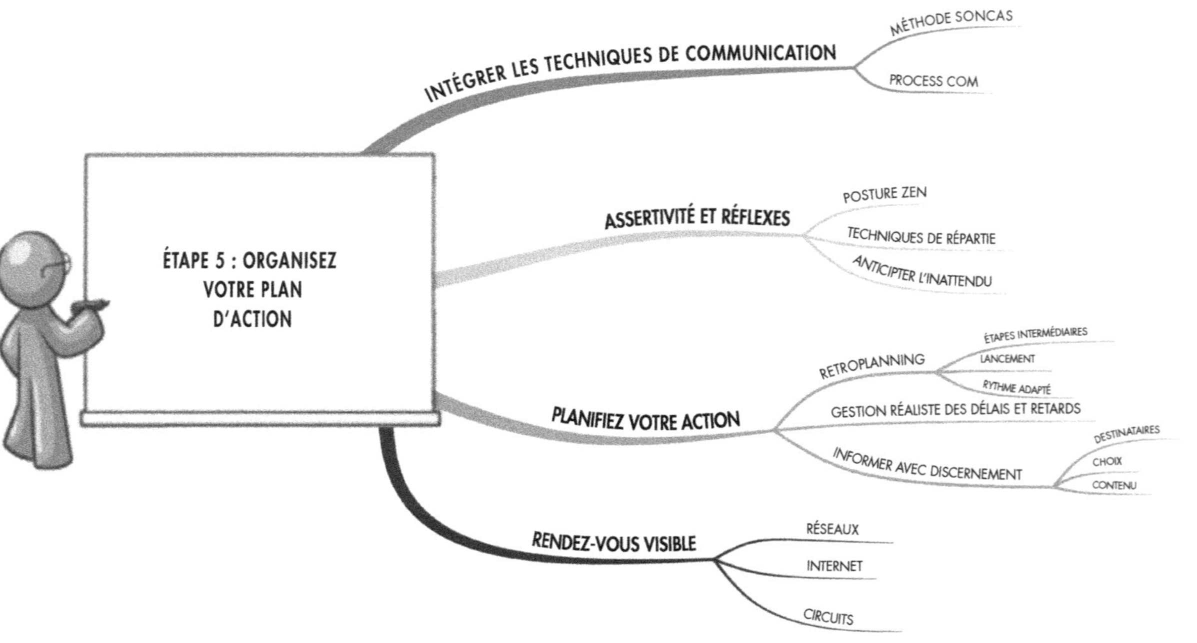
ÉTAPE 5 : ORGANISEZ VOTRE PLAN D'ACTION
INTÉGRER LES TECHNIQUES DE COMMUNICATION
MÉTHODE SONCAS
PROCESS COM
ASSERTIVITÉ ET RÉFLEXES
POSTURE ZEN
TECHNIQUES DE RÉPARTIE
ANTICIPTER L'INATTENDU
PLANIFIEZ VOTRE ACTION
RETROPLANNING
ÉTAPES INTERMÉDIAIRES
LANCEMENT
RYTHME ADAPTÉ
GESTION RÉALISTE DES DÉLAIS ET RETARDS
INFORMER AVEC DISCERNEMENT
DESTINATAIRES
CHOIX
CONTENU
RENDEZ-VOUS VISIBLE
RÉSEAUX
INTERNET
CIRCUITS

Lancez la mise en place

« Mon audace a soif de votre courage… Ensemble, nous braverons tout »
Martine Le Coz, écrivain et dessinatrice française

La fin du « *back burner* »

Le « back burner », c'est littéralement un plat que l'on garde sur le feu au cas où… Mais lorsque vous vous lancez à fond dans un projet, il devient le plat principal et il n'y a plus de solution de secours ou de remplacement.

Si vous êtes entouré d'incompétents, ou dirigé par un incompétent, vous n'avez rien à gagner à prolonger l'expérience en attendant un hypothétique remplacement ; les études convergent pour affirmer que ce sont eux qui restent le plus longtemps, car leur seule compétence consiste à cacher leur incompétence. Votre salut va consister à changer de service, rejoindre une autre structure, ou en profiter pour faire enfin ce qui vous plaît.

Vous devez vivre de votre projet quoi qu'il arrive. Vous n'êtes plus dans la réflexion, dans les discussions théoriques avec des clients potentiels, vous êtes dans le vrai. Et vous devez repartir de vos rendez-vous de prospection avec des commandes, des contrats, des engagements. Or, *l'expérience nous a démontré que nos clients en coaching avaient souvent du mal à passer à l'action.*

Votre produit, votre service, votre présentation… ne sont peut-être pas parfaits, mais on n'en est pas à se poser des questions : c'est trop tard ou trop tôt.

Y a-t-il un bon moment pour lancer « son » projet ? Oui. C'est maintenant. Mais cela peut se faire progressivement.

On dit qu'il faut aimer comme si aujourd'hui était son dernier jour, et créer des projets comme si l'on était éternel… Malheureusement, c'est souvent le contraire qui se passe ! Or nous avons un besoin vital au sens propre du terme de nous projeter dans l'avenir, puisque le raisonnement stratégique est le propre de notre spécificité en tant qu'êtres humains…

Option 1 : résoudre un problème situationnel

> *« If liberty means anything at all, it means the right to tell people what they do not want to hear »*[1]
> George Orwell

Si dans votre travail vous ressentez un problème relationnel ou technique de nature ponctuelle ou récurrente (par exemple, responsabilités pas claires ou pas tenables, pouvoir de décision flou et ambigu), il vous appartient d'en identifier la source et de le résoudre « avant » de changer de poste ou de métier. En effet, lorsque quelque chose ne vous convient pas, il est essentiel que vous commenciez par tenter de le résoudre, ce pour quatre raisons possibles :

---

1   *« Si la liberté signifie quelque chose, c'est le droit de dire aux gens ce qu'ils ne veulent pas entendre. »*

— Vous pensez qu'il y a un problème entre vous et des tiers, alors que pour eux il n'y en a pas.

— Vous pouvez être vous-même à l'origine de ce qui pourrait être un malentendu, et penser à tort que la responsabilité incombe à d'autres (P-DG, N+1, pairs, collaborateurs).

— Vous avez pu laisser la situation s'envenimer : par manque de volonté ou d'audace pour attaquer le problème de front, par passivité naturelle, ou en espérant qu'en l'ignorant il se résoudrait de lui-même alors qu'il ne fait que prendre de l'ampleur.

— Enfin, vous pensez – peut-être à tort – que ce problème est typique à la culture de la structure qui vous emploie, et que si vous partez, ce genre de situation ne se reproduira pas.

Renverser les obstacles

Ce que nous vous proposons, c'est de vous faire entendre en respectant le fond (le sujet de votre préoccupation) et la forme (la façon dont vous allez vous exprimer).

Vous pouvez vous heurter, comme cela nous est arrivé à tous, à un mur du style « Je ne veux pas en entendre parler » de la part de votre hiérarchie. Vous pouvez également vous faire dire, comme à une de nos clientes chez un gros fournisseur d'accès téléphonique : « Tu as trop besoin d'empathie » avant qu'on ne lui propose une rupture conventionnelle…

Deux remarques vont vous permettre de vous affranchir de tout complexe devant le besoin de vous exprimer :

— Ainsi que nous l'avons évoqué dans l'introduction, la charge de travail de tout manager ou responsable hiérarchique est telle que le temps consacré au vrai management d'équipes s'est considérablement réduit au cours des dernières années : manque de personnel, d'assistantes, de secrétaires pour prendre en charge la partie non stratégique de leur fonction.

— La communication est généralement difficile à assurer en entreprise – par opposition au domaine sportif – aussi bien horizontalement que verticalement, car les remarques, les critiques, les observations sont souvent prises personnellement avec le cortège de vexations, de désirs de revanche, et de pertes de confiance mutuelle que l'on peut imaginer…

Vous n'avez donc pas le choix, et votre meilleure approche consiste tout d'abord à rechercher, voire à imposer le dialogue avec la ou les personnes concernées.

Puis vous devez écouter autant que parler afin que les positions de chacun soient bien clarifiées ; enfin décider si vous êtes disposé à continuer comme avant, une fois que tout sera résolu ou au moins clarifié.

Sinon, vous pouvez envisager de changer de poste – donc de superviseur – dans la même structure (Option 2, lire plus loin), changer de structure, car la culture managériale actuelle ne vous convient pas (Option 3 plus loin dans cette étape), ou carrément en profiter pour réaliser le projet qui vous tient à cœur (Option 4).

Problèmes d'évaluation

La notion d'évaluation est devenue un sujet âprement débattu dans les entreprises d'une certaine dimension. Elle est assez souvent traitée comme préalable au découragement d'un salarié dont on souhaite le départ volontaire, ou la déstabilisation progressive.

La tactique la plus sûre pour vous consiste donc à mener un combat rapproché avec votre hiérarchie, de façon à vous assurer que la réalisation de toutes vos missions ou dossiers soit bien comptabilisée et enregistrée comme telle en temps réel.

Parallèlement, il vous appartient de noter vous-même les résultats qualitatifs et quantitatifs que vous obtenez, avec copie à votre supérieur hiérarchique quelques jours avant l'échéance de votre évaluation.

Une demande d'augmentation de salaire ou d'évolution interne aura d'autant plus de chances d'aboutir que vos prétentions salariales s'appuieront sur les évaluations comparatives du marché, que vous aurez obtenues en consultant les statistiques sur Internet. Projetez-vous dans le futur en demandant à quelles conditions tout ou partie de vos demandes pourront être satisfaites en cours d'année ou l'année prochaine. En cas de promesse sur le futur, report de promotion, d'augmentation ou de prime, formalisez l'engagement par courriel afin de pouvoir le faire valoir lors de vos prochains échanges, lorsque votre interlocuteur aura oublié ou sera remplacé… Par exemple, Armand a été promu dans son entreprise après huit ans de présence, mais sans augmentation.

Option 2 : évoluer dans votre entreprise

Il faut d'abord que vous soyez sûr de vous avant de chercher à convaincre les autres…

Dans l'hypothèse où vous envisagez de changer de poste, vous serez d'autant plus convaincant que vous vous serez montré ouvert, intéressé et compétent dans les domaines que vous avez traités précédemment.

En effet, l'époque où le médiocre, le moyen, le « juste suffisant » permettaient de tenir des années – voire toute une carrière – est révolue… Une crise sectorielle peut toucher votre activité à tout moment, et votre entreprise peut traverser une période difficile. Nous en avons la preuve tous les jours : si vous êtes « simplement » un bon opérateur, un bon élément, un bon collaborateur, vous n'avez pas plus de chances que vos collègues de garder votre poste à terme.

Cependant, si vous êtes une personne sur laquelle on peut compter, et que votre *contribution* effective dépasse largement votre description de poste – et il n'est pas question ici de temps passé dans l'entreprise – votre direction vous inclura dans sa nouvelle stratégie de développement.

Si vous souhaitez évoluer en interne, nous vous proposons deux attitudes possibles en fonction de vos compétences et de votre personnalité : l'exemplarité et/ou l'initiative.

La carte de l'exemplarité

Nous avons évoqué plus haut le gâchis de compétences et de talents dans l'entreprise. En effet, pour des raisons de facilité apparente, ce que l'on vous demande en priorité est directement lié à la description de poste que vous avez acceptée ; elle sert de base aux résultats généralement annuels que l'on attend de vous, que ce soit en termes de chiffre d'affaires, de marges, d'économies sur les achats, de réduction de la masse salariale, de respect de budget, etc.

La difficulté consiste donc à répondre aux exigences de votre description de poste, à atteindre les résultats annuels sur lesquels vous vous êtes engagé « et » à vous faire remarquer dans l'un ou les domaines où vous excellez, et qui doivent, comme nous l'avons vu à l'étape 3, constituer votre valeur ajoutée « marchande ».

L'utilisation du terme « élitisme » peut être tentante dans ce contexte, car plus on est compétent, plus on se rapproche d'une certaine élite, ne serait-ce que par le seul fait de ne pas être nombreux à pouvoir traiter certains aspects techniques ; mais l'élitisme devient vite une attitude contraire à l'exemplarité, avec pour conséquence la tendance à l'isolement et à la coupure avec le reste d'une équipe.

Il y a une forme de cohérence dans l'exemplarité qui donne de l'énergie, qui calme l'anxiété, qui convainc de sa passion et qui entraîne, non pas le rejet ou la jalousie, mais l'admiration. La nuance est subtile, mais fondamentale.

La carte de l'initiative

N'hésitez pas à émettre régulièrement des suggestions concernant la fonction que vous briguez ; acceptez de perturber la routine, si cela fait partie de votre nature profonde… Peu importe que vos suggestions soient rejetées ! Vous l'avez pensé ? Eh bien, au moins vous l'avez dit. Pas de regrets. Pas d'opportunités ratées. Vous devez être accepté comme vous êtes, c'est-à-dire comme quelqu'un d'enthousiaste. C'est très important dans un système où la hiérarchie est trop souvent paralysante.

Nous vous enjoignons donc à opter pour le principe de « contribution » qui correspond à la partie de votre travail non imposée : vous *contribuez* volontairement au développement de votre service, de votre direction, de votre entreprise, c'est-à-dire sans attendre qu'on vous le demande.

EN PRATIQUE

Proposez de contribuer à l'amélioration de la gestion des décisions, si le processus de décision n'est pas suffisamment clair dans votre entreprise, ou même s'il n'y en a pas d'établi.

Prenez l'initiative de demander une mutation, en fonction de la dimension de votre entreprise, ou un remplacement pendant un congé maternité, un arrêt maladie prolongé, voire le remplacement d'un collègue dont l'activité vous intéresse, pendant ses congés.

Vous pouvez également demander à passer en mobilité, avec un rôle de consultant interne pendant une période délimitée.

Souhaitez-vous suivre une formation spécifique utile pour votre carrière ? Peut-on vous la refuser ? Pouvez-vous fixer une échéance ? En effet, une formation prolongée, telle qu'un MBA en France ou à l'étranger, vous sera utile si vous avez décidé de changer de fonction à tout prix, ou de ne pas vous reposer sur l'existant. Cela vous donnera du temps pour penser à votre future carrière.

Dans tous les cas, vous pouvez prendre l'initiative de créer en interne une « *Task Force* », en vous entourant de collègues capables de faire preuve comme vous d'imagination et d'initiative pour lancer des pistes d'amélioration du fonctionnement quotidien de votre organisation. En effet, les entreprises n'investissent pas assez de temps pour libérer la créativité des cadres et des employés ; vous ne risquez donc pas d'atteindre l'overdose dans ce domaine...

EN PRATIQUE

Si vous travaillez dans un groupe important ou une holding, vous pouvez proposer le montage d'une plateforme de « *shared services* » (services centraux mutualisés) qui permet à la fois d'optimiser la qualité des services centraux et de diminuer les coûts de fonctionnement des mini-services fonctionnant dans chacune des structures (DRH, logistique, finance, contrôle de gestion, juridique, environnement, énergie, recherche & développement, etc.).

Si vous faites partie des têtes pensantes de votre service, si vous apportez des idées novatrices, des solutions originales, aux problèmes qui vous entourent, vos chances de promotion interne seront décuplées. Et si ce n'est pas le cas actuellement, vous devez vous poser la question de votre avenir dans votre structure actuelle... Ou, dit autrement, peut-être faut-il s'en aller pour être reconnu ailleurs ?

Option 3 : changer de structure

« Il s'agit de donner de soi l'image d'une personne ressource solidaire »
Brigitte Warnez, coach en développement personnel

Vous avez décidé de quitter votre entreprise actuelle, ou vous venez de le faire, volontairement ou non. Il vous faut à présent positionner votre ambition.

La préparation

Les techniques de marketing de soi sont désormais connues et utilisés dans le monde entier par la majorité des candidats à un poste. Trois outils méritent d'être présentés :

— La matrice **SWOT** (Strengths, Weaknesses, Opportunities, Threats), dont le principe de fonctionnement est présenté et détaillé sur Internet.

— Le ***benchmarking*** permet de vous comparer aux autres, d'être vigilant sur les évolutions de votre marché, de votre domaine de compétences, de votre secteur d'activité, de la fourchette de rémunération pour des postes similaires au vôtre.

— Le ***networking,*** pour mémoire, inclut l'exploitation des réseaux sociaux[1].

Un CV interactif est présenté dans le cahier central (*mind map* XVI).

---

1 Il existe de nombreux ouvrages sur ce sujet, dont celui, passionnant, d'Hervé Lassalas et Michelle Jean-Baptiste publié chez Larousse. Être compétent, fiable et efficace sont des qualités nécessaires pour réussir, mais si vous n'êtes connu de personne, votre valeur professionnelle est comparable à celle d'une jolie maison mal située. Multipliez les occasions d'élargir votre réseau. Plus il y aura de personnes qui savent qui vous êtes et ce que vous valez, plus vous aurez de chances de progresser dans votre entreprise ou ailleurs.

L'environnement professionnel évolue très vite ; il est donc vital de vous adapter en permanence aux nouvelles méthodes de travail, aux nouveaux modes de management et aux nouvelles qualités exigées des nouveaux managers, à savoir, principalement : exigence, accessibilité, détermination, concentration, énergie, et aptitude à prendre des décisions difficiles.

En outre, il vous faut préparer les messages que vous voulez véhiculer sur vous-même et sur ce que vous représentez ; puis réfléchir aux meilleurs moyens de les diffuser (voir le *personal branding*, présenté à l'étape 2).

La qualité de votre ciblage étant primordiale, nous allons passer en revue certains points déterminants :

— Question 6-1 : Préférez-vous vous investir dans un groupe confronté à des difficultés, ou très performant ?

Votre réponse :

— Question 6-2 : Vous sentez-vous attiré par une TPE, une PME familiale, une entreprise importante, ou un groupe multinational ?

Votre réponse :

— Question 6-3 : Êtes-vous tenté de rejoindre une start-up (éventuellement en rentrant au capital) ?

Votre réponse :

— Question 6-4 : Vous sentez-vous plus à l'aise dans le mouvement (gestion de projets ou en tant que pilote du changement), ou en gestionnaire de systèmes stables ?

Votre réponse :

— Question 6-5 : Avez-vous bien intégré la façon de présenter vos qualités personnelles ?

Par exemple : productivité, ponctualité, fiabilité, qualité du travail, digne de confiance, capacité de jugement sous pression, en pouvant avancer des preuves à l'appui…

Votre réponse :

Et professionnelles ?

Par exemple : focalisation, discipline, innovation, travail d'équipe, sens de l'urgence, identification et gestion des priorités.

Votre réponse :

Demandez-vous lesquelles vous allez mettre en avant dans vos lettres de motivation et dans vos interviews.

— Question 6-5 : En ce qui concerne vos valeurs et exigences, avez-vous déterminé celles que vous souhaitiez promouvoir ou voir respectées ?

Par exemple : loyauté, dévouement, sacrifice, engagement et contribution au service clients et fournisseurs, etc. Plus généralement : dignité individuelle, respect de l'individu, don aux collaborateurs des moyens de réaliser leur potentiel, intégrité dans la lettre et l'esprit de la loi, comportement éthique et honnête, justice dans toutes les interactions, etc.

N'hésitez pas à indiquer vos valeurs sur votre CV, illustrations à l'appui.

Votre réponse :

L'interview

Conduite

Tout semble avoir déjà été dit à propos de la conduite d'interview. Cependant la réalisation d'une centaine de recrutements nous a prouvé que les mêmes erreurs continuaient de mener aux mêmes échecs. Il n'est sans doute pas inutile de rappeler quatre principes à observer en toutes situations :

1. Préparez – et posez – des questions destinées à vous permettre de déterminer si le poste proposé vous convient. N'oubliez pas que votre risque est généralement supérieur à celui de l'employeur.

2. Ne parlez que de ce qui peut aider l'organisation et ses problèmes. Vous aurez d'autres occasions de raconter votre vie (à vos petits-enfants, etc.).

3. Vos réponses à des questions générales doivent durer entre trente secondes et une minute. Si votre interlocuteur désire en savoir plus (questions techniques par exemple), vous pourrez alors monter à deux minutes maximum.

4. Présentez-vous comme un collaborateur loyal et fiable, capable d'assurer une meilleure prestation que votre prédécesseur, comme quelqu'un qui se prend en charge et prend en charge ses responsabilités.

EN PRATIQUE

Évitez de suivre votre CV pendant l'interview, ou même de répéter son contenu ; votre interlocuteur l'a déjà lu... S'il vous demande de retracer votre carrière, racontez votre parcours en remontant à partir du jour de l'entretien en insistant sur les motivations et circonstances qui vous ont fait évoluer. Voir le graphe XI dans le cahier central.

Si les questions de l'employeur concernent exclusivement le passé, vous avez peu de chances d'être recruté ; essayez quand même d'évoquer l'avenir, tout en gardant à l'esprit que le recruteur est aussi inquiet que vous... et que c'est à vous de le rassurer plutôt que de rester à la surface de ses questions.

S'il s'agit d'une création de poste, précisez ce que vous aimez dans cette société, les besoins que vous pressentez et les compétences requises d'après vous ; apportez la preuve par votre passé que vous avez les compétences voulues, et indiquez ce qui est unique chez vous dans votre façon d'utiliser ces compétences.

Pour chaque question précise sur vos réalisations passées, utilisez une technique en quatre étapes :

- description du problème ;
- obstacles à surmonter ;
- moyens utilisés pour les traiter ;
- résultats obtenus.

EN PRATIQUE

Gardez en permanence à l'esprit que vous attaquez, vous résolvez les problèmes ; vous êtes une « ressource ».

Après chaque entretien, une lettre de remerciements devra être envoyée exclusivement par la Poste, dans laquelle vous inclurez une proposition concrète de ce que vous pourriez faire pour eux.

Traitement des objections classiques

Est-il déconsidéré de trop changer ? Non. Si c'est votre cas, vous êtes riche d'expériences que les autres, en sombrant dans la routine imposée par l'ancienneté, n'auront jamais. Vous serez à même de résoudre des cas difficiles en faisant appel à votre cursus professionnel.

Vous avez un profil atypique ? C'est génial, car vous allez pouvoir « contribuer » ! Vous restez une personne rare, voire unique, quelle que soit la façon dont le monde du travail vous traite. Votre valeur n'est pas définie simplement par votre travail, mais par votre esprit, votre cœur et votre compréhension des autres.

Les négociations non salariales

Une fois que vous avez obtenu l'accord de votre futur employeur de vous embaucher et que les aspects techniques (salaires, primes, contrat, etc.) sont traités, il est nécessaire que vous vous positionniez « avant » le jour de votre arrivée dans l'entreprise, car il sera trop tard une fois que vous serez sur place.

Notamment, vous devez négocier avec votre N+1 les critères précis de votre réussite dans le poste, aussi bien qualitatifs que quantitatifs. Vous devez également aboutir à une vision commune des objectifs visés, de la stratégie à adopter, des moyens à votre disposition.

En ce qui concerne les décisions, il va vous falloir définir avec le maximum de précision le périmètre de décision de chacun, de façon à éviter des atermoiements en réunion ou en comité ; ainsi que votre pouvoir de décision sur vos collaborateurs éventuels et leur propre marge de décision.

Réussir votre entrée en scène...

Voici quelques outils à utiliser :

— Faites-vous livrer vos cartes de visite le matin de votre arrivée ; pas le lendemain.

— Préparez votre arrivée avec votre N+1, qui vous présentera à votre équipe et/ou vos nouveaux collègues en précisant votre équilibre autorité-responsabilité.

— Faites du sport la veille et le matin même afin d'arriver en pleine forme...

— Pour accroître vos chances de réussite dans votre nouveau poste, pensez à demander les copies de tous les anciens rapports de consultants, banquiers, comptables, stagiaires, disponibles dans les dossiers et archives de la société concernant l'activité de votre service, département ou entité.

— Également, demandez à consulter tous les documents relatifs à votre poste (reporting, mémos internes, évaluation, etc.).

— Prennez très vite des initiatives non imposées : identifier des opportunités prometteuses qui n'ont pas encore été exploitées ; puis rassemblez une équipe autour de vous pour transformer les opportunités en projets. À la fin de votre période d'essai, votre positionnement sera difficile à modifier.

Option 4 : se lancer dans une nouvelle carrière

« Every noble work is at first impossible »[1]
Thomas Carlyle

Ce paragraphe aurait pu être intitulé : « Comment passer de l'idéal au possible ? » Vous allez investir dans votre projet toute l'expérience, toute la formation, tout le savoir-faire que vous avez acquis. Donc il ne faut pas vous tromper… Nous allons vous guider pas à pas à travers une méthodologie conçue pour donner à votre projet toutes les chances de réussir. Dans cet esprit, nous vous proposons de compléter votre réflexion avec les remarques suivantes.

À MÉDITER

Loïc était directeur commercial chez Guilbert, un beau poste, mais qui ne correspondait pas – ou plus – à son rêve : acquérir sa liberté, gérer son activité à sa façon et surtout être près du consommateur. Il quitta Guilbert et, étant breton, décida de créer à La Baule un débit de crêpes à consommer sur place et à emporter. Ouvrir une énième crêperie sur un marché saturé relevait de l'utopie, mais il a su transformer son projet en business intelligent :

- 1) en choisissant un emplacement exceptionnel au carrefour du pont du Pouliguen ;
- 2) en positionnant ses prix juste en dessous de ceux de la concurrence ;
- 3) en créant une ambiance sympathique où tout le monde parle avec tout le monde.

Le succès du *Barapom* a été tel que Loïc a ouvert un second point de vente dans la grande rue commerçante de La Baule. Vous pourrez l'y voir, car il est toujours sur place. C'est un homme épanoui.

---

1   *« Tout travail noble est d'abord impossible. »*

Il y a rêve et rêve…

Tout d'abord, il y a la façon dont on en parle, car les messages ne sont pas les mêmes :

— J'ai un rêve, devenir danseuse étoile : désir, volonté ou plaisir d'y penser ?

— Je rêverais de faire une croisière : juste rêvasser, ou véritable envie ?

— J'ai rêvé que je m'installais en Californie : un vrai rêve, ou une façon de s'endormir façon Proust ?

— Je rêve de trouver l'associé idéal : dépendre à 100 % du hasard, ou recherche assidue ?

— J'ai toujours rêvé d'avoir ma société à moi : regret du passé ou recherche en cours ?

Comment relier ses rêves à son projet ? Comment mettre son imagination au service du réel ? Il s'agit d'un défi difficile à relever, sauf si l'on arrive à trouver un équilibre entre les deux : sélectionner des rêves atteignables d'un côté, et les concrétiser dans des activités possibles, c'est-à-dire réalisables.

À MÉDITER

Certains projets sont plus difficiles à classer entre folie pure et projet solide… Le rêve de posséder « son » château est à inscrire dans cette catégorie, car il s'agit d'un problème de perspective : à 100 mètres, c'est très beau à regarder… À 10 mètres, on commence à voir les problèmes de structure (murs et toiture à refaire) ! Mais on n'y pense plus dès qu'on pénètre à l'intérieur, car on s'imagine vite en seigneur du Moyen Âge entouré de ses amis fidèles l'hiver devant la cheminée de 2,20 mètres de large… Seulement il n'y a plus d'amis fidèles à 3 heures du matin lorsque la température descend à 6 °C dans les chambres !

Citons quelques cas concrets qui nous ont été soumis récemment :

— Devenir pianiste concertiste à cinquante-cinq ans, alors que vous massacrez *La Marche turque* de Mozart depuis l'âge de dix ans (rêve) n'a rien à voir avec la reprise d'une salle de concert dans une ville de province (possible)…

— Se lancer dans le trading de bricoles chinées dans l'État du Maharashtra parce que vous avez quelques économies à investir (rêve)… ne se compare pas avec la conception et la fabrication à la commande et par vos soins d'objets décoratifs exclusifs (possible)…

— L'importation de taxis londoniens décatis provenant de marchands spécialisés dans la gentille clientèle française nulle en mécanique (rêve)… n'offre pas la même sécurité que la création d'une société de services spécialisée dans l'assistance aux conductrices victimes d'escroqueries ou d'abus de la part de garagistes peu scrupuleux (possible)…

En revanche, le fait que vous puissiez être considéré comme un « marginal » doit contribuer à nourrir votre enthousiasme ! Nous ne sommes pas tous – pour le moment – des robots… Votre spécificité, votre personnalité vous rendent unique. C'est le cas de tout le monde. Sauf que vous, vous l'assumez. Bravo !

En résumé, il faudrait éviter d'employer le mot « rêve » dans les affaires lorsqu'on parle d'un projet, de façon à éviter toute confusion dans l'esprit de vos interlocuteurs… S'agit-il d'un but ultime ou simplement d'un idéal onirique ? Concrètement, partons du principe qu'une carrière peut se décomposer en huit parties :

- l'endroit ;
- le but recherché ;
- les tâches confiées ;

- les outils ;
- le salaire ;
- le temps passé à travailler ;
- les talents ou les compétences techniques requis ;
- les connaissances générales sur le métier ou le secteur.

Lorsqu'on veut changer de carrière, il faut donc se demander quel ou quels aspects sur les huit ci-dessus ne vous conviennent pas ou plus. En général, on souhaite en changer deux parmi les quatre premières parties, afin de capitaliser sur la septième et la huitième. En changer plus de deux est beaucoup plus difficile, sauf à procéder graduellement.

Votre projet doit vous ressembler

Si vous êtes demandeur d'emploi, profitez-en pour faire des expériences. Ne restez pas inactif pour trois raisons :

— Vous perdriez du temps en matière de cumul d'expériences, et il y a toujours quelque chose de nouveau à apprendre.

— Il est communément admis que les recruteurs et les entreprises privilégient les candidatures provenant de personnes en exercice.

— Cela vous donne l'occasion de tester votre intérêt sur des sujets différents, ou peu exploités par vous jusqu'à présent.

Il vaut donc mieux chercher un poste parallèlement à une activité, quelle qu'elle soit, bénévole, humanitaire ou associative. Vous pourrez ainsi vous prévaloir d'une formation ou d'une expérience supplémentaire dans un domaine nouveau pour vous, par exemple, créer une association à but non lucratif avec un ou plusieurs associés, dont l'objet serait directement lié à votre domaine d'activité ou de compétences.

La *mind map* XV dans le cahier central doit vous permettre de lister vos priorités en matière d'évolution de carrière.

Créer votre propre entreprise

Nous avons évoqué dans l'étape 1 le statut d'auto-entrepreneur qui peut vous permettre de tester votre idée dans le cas de ventes de services (en tant que consultant ou coach) ou de produits (en tant qu'agent commercial). Cependant, si vous envisagez de créer une réelle structure avec des frais généraux, des coûts de transformation et/ou des frais de personnel, vous devenez de fait un réel entrepreneur avec des besoins de capitaux initiaux, même réduits : investissement pour financer le lancement puis le développement, locaux, matériel, etc.

EN PRATIQUE

Voici dix points à retenir pour faire reconnaître votre jeune entreprise, sans avoir de budget communication[1] :

- Parier sur la débrouille plutôt que sur des levées de fonds : trouvez des moyens malins comme la communication alternative, pour vous faire connaître.
- S'appuyer sur des leaders d'influence pour faire connaître son produit : identifiez et contactez les influenceurs qui ont un impact sur votre cible. Un moyen très efficace de convaincre vos clients de vous faire confiance.
- Acheter des mots-clés sur Google AdWords : cela vous permettra toujours de récupérer quelques clients sans dépenser non plus.
- Proposer un « plus » par rapport à la concurrence : faites les choses mieux, plus vite ou moins cher que vos concurrents.
- Être au top sur la qualité : vos produits seront vos meilleurs ambassadeurs. Un bon produit fait parler de lui !
- Être hyperréactif : profitez d'être une petite entreprise pour faire preuve de souplesse et de rapidité. Un message pertinent tombé à point nommé sur les réseaux sociaux peut vous apporter beaucoup de visibilité en peu de temps, par exemple.
- Parler de son parcours personnel : les journalistes adorent les belles histoires !

...

---

1 Tableau retranscrit avec l'aimable autorisation de la revue *Dynamique entrepreneuriale* (n° 41).

- Faire jouer le bouche-à-oreille : multipliez pour cela les canaux de diffusion d'information concernant votre entreprise (réseaux sociaux, clubs d'entrepreneurs, relations presse, influenceurs, etc.).
- Cultiver son réseau : il y a sûrement dans votre réseau une personne qui peut vous présenter les bonnes personnes ou les gros clients. Cherchez bien !
- Accepter d'incarner l'image de son entreprise : une entreprise ne fait jamais autant parler d'elle que quand elle est menée par un entrepreneur charismatique.

Quelques idées à creuser

Nous allons vous en proposer quelques-unes ci-dessous :

— Créer une société de services à la personne. La France a la réputation d'être particulièrement en retard dans ce domaine par rapport aux pays anglo-saxons.

— Vendre des services de logistique, domaine où les Français sont particulièrement faibles (depuis la campagne de Russie en 1812 !).

À SAVOIR

D'après le Centre d'analyse stratégique, d'ici 2015, cinq domaines professionnels concentreront l'essentiel des créations d'emploi (86 %), toutes situées dans le tertiaire :

- services aux particuliers ;
- santé et action sociale ;
- transports et logistique ;
- métiers administratifs et du commerce.

— Proposer une fonction environnement et énergies durables ou renouvelables en sous-traitance ou en temps partagé dans des PME.

— Examiner les dossiers de reprise d'entreprise même si vous ne souhaitez pas vous lancer. Cela vous confrontera à la réalité des créateurs d'entreprise, et vous permettra d'éviter de reproduire les erreurs éventuelles qu'ils ont pu faire…

— Entrer dans le capital d'une entreprise sous forme de salaire réduit avec prime au résultat ou au pourcentage des marges.

— Vous investir dans des actions humanitaires. Uniquement si vous disposez d'une plus-value ou d'une certaine habitude dans ce domaine (évolution dans des milieux défavorisés, disponibilité illimitée, conditions de travail difficiles, etc.).

— Vous associer avec un chef d'entreprise. Pour cela, allez le voir pour lui dire que vous pensez créer quelque chose de similaire ; il se peut qu'il soit intéressé par le fait de vous recruter ou de vous faire entrer dans le capital…

— Opter pour un nouveau métier. Ils sont assez nombreux et évoluent très vite, tel l'*up-cycling*, qui consiste à recycler des produits usagés en leur ajoutant de la valeur ou une nouvelle utilité. Ils offrent surtout des opportunités de créativité sans limites, comme les webmasters qui se situent au carrefour de l'informatique, de la communication et du marketing, réalisant ainsi un regroupement de champs d'activité jusque-là indépendants. En outre, l'ordre des experts-comptables a édité sur Internet une étude passionnante sur les nouveaux métiers, intitulée « Les métiers du futur 2013 ».

EN PRATIQUE

Location d'œuvres d'art, produits personnalisés par les consommateurs, bricolage à domicile, conseils sur les achats et la consommation, « apéro party » pour passionnés d'un sujet, relooking de meubles, coach pour jardins et potagers, services spécifiques aux seniors, coach sportif à domicile pour la famille, consultant en réduction de coûts personnels, vente de savoir sur Internet, coach d'organisation du temps, rapprochement d'univers différents (coiffure + garagiste à domicile…), etc.

Le cas particulier du consulting et du coaching

Si vous avez toujours été consulté pour des problèmes à résoudre, des situations à étudier, des projets à lancer, c'est que vous apportez une plus-value ; vous êtes peut-être un très bon coach. Pourquoi alors ne pas aller dans cette voie ?

> ### À SAVOIR
>
> Le ralentissement de la croissance économique place le secteur des métiers du conseil dans un contexte moins favorable. Seules, les entreprises positionnées sur des niches d'activité ou de clientèle très spécialisées et proposant des prestations à forte valeur ajoutée peuvent se maintenir.

Cependant, il ne faut pas confondre le statut de cadre dans un cabinet de consulting, qui consiste à traiter de façon technique un cahier des charges pour le compte d'un *senior partner*, sans prise directe sur les négociations pré- puis post-mission… avec une activité de consultant qui réalise lui-même son cahier des charges au fur et à mesure de sa compréhension des problèmes à traiter, des enjeux concernés et de la capacité – ou de la volonté – de son client à adopter les recommandations qu'il va effectuer, puis éventuellement l'aider à les mettre en place.

Dans le premier cas, vous êtes salarié avec une avance mensuelle fixe et un pourcentage (autour de 50 % des missions que vous apportez et traitez), et dans le second cas, vous fonctionnez exclusivement en honoraires desquels sont déduites les charges sociales avant impôts.

Certains consultants indépendants optent pour le statut d'auto-entrepreneur (voir l'étape 1), d'autres pour celui de profession libérale, d'autres enfin pour des structures plus lourdes (EURL, SARL, etc.). Une option intermédiaire consiste à utiliser une société de portage qui se charge de facturer vos clients, de payer vos charges sociales, et de vous verser un salaire net, équivalent à environ 50 % des honoraires que vous avez facturés chaque mois à vos clients.

Si votre vision du consulting comprend l'audit complet d'un service, d'une filiale ou d'une entreprise (diagnostic, analyse et recommandations) prolongé par une assistance à la mise en œuvre de vos recommandations, vous devez vous préparer à vendre chèrement votre rôle, car les obstacles techniques et humains sont à la fois nombreux et éprouvants[1].

En conclusion de ce paragraphe, la seule vraie question à vous poser est de savoir si vous êtes fait pour ce métier, qui nécessite trois composantes essentielles : un état d'esprit orienté vers l'observation et l'analyse, une méthodologie destinée à garder le cap dans vos missions et à résister à toutes les attaques et incidents de parcours, et une expérience vous permettant de traiter d'égal à égal avec vos clients qui peuvent diriger de cinq à cinquante mille personnes alors que vous êtes seul…

La rupture éventuelle : cause ou conséquence ?

La rupture avec votre environnement proche (famille, compagne/compagnon, amis, etc.) est toujours une éventualité, car vous ne serez pas systématiquement suivi mentalement et/ou géographiquement dans votre nouveau projet.

À MÉDITER

Il ne faut pas sous-estimer l'importance de la peur de la réussite, au même titre que la peur de l'échec. Beaucoup d'échecs sont inconsciemment souhaités par crainte de perte de liberté ou de réajustements dans les grands équilibres personnels, de la même façon qu'une promotion peut entraîner des problèmes liés à la modification des rapports entre le nouveau manager et ses anciens collègues.

---

1   Voir le livre du même auteur sur le consulting, *Le Bon, la Brute et le Consultant* (Pearson Education, 2013).

Parmi les principales causes de rupture envisageables, mentionnons la perte de stabilité financière si vous passez d'un statut de salarié possédant des avantages sociaux non négligeables (mutuelle, Ticket-Restaurant, ancienneté, etc.), à des horaires instables, éventuellement des déplacements prolongés, l'invasion de votre projet dans le foyer (travail de la maison, concentration mentale permanente y compris et surtout les week-ends), l'absence de vacances en famille, etc. Que cette rupture soit la conséquence de l'émergence de votre nouveau projet, ou qu'elle résulte d'une stratégie savamment pensée par vous ne fait pas partie de notre propos. Mais il n'est pas permis d'ignorer le fait que les deux options soient envisageables…

La dualité des activités est-elle réalisable/réaliste ?

Pourquoi n'auriez-vous pas un projet parallèle à votre activité principale ? Certaines associations sollicitent elles-mêmes la pluriactivité afin d'assurer un revenu suffisant à leurs prestataires.

À MÉDITER

Il est toujours intéressant de constater que certains champions se sont gardés le droit de « distribuer » leur attention. Rassurant de noter que le sport dans lequel ils excellent n'est pas nécessairement leur seule et unique passion. Important de prendre conscience que l'originalité « d'un engagement partagé » leur permet non seulement de s'épanouir en tant que personne, mais également de valoriser leurs compétences d'athlètes. Luc Abalo nous en donne une bonne illustration. Grâce à cette « organisation » de vie, il respecte ses passions et se protège des dangers de la routine, de l'automatisation d'une vie récitée, réalité qui frappe régulièrement les athlètes de haut niveau.

Source : Cécile Traverse, Blog sportif du Monde, le 13/09/2012.

Sans aller jusqu'à se dédoubler en docker ou en chauffeur de taxi la nuit, la limite est directement liée à la fatigue physique… Certain cadre de banque (que nous ne nommerons pas…) s'entraînait la nuit pour donner des récitals de piano caritatifs, alors qu'il assurait un poste à plein temps par ailleurs… Sans doute une façon de compenser l'ennui créé par un travail peu adapté à ses goûts.

À RETENIR

Les quatre options qui ont été détaillées dans cette étape représentent les principaux cas rencontrés : si vous estimez que votre bonheur professionnel est réalisable en restant relativement proche de votre activité traditionnelle, les trois premières options doivent vous permettre d'optimiser votre situation actuelle.

Si en revanche votre ambition consiste à concrétiser le rêve que vous chérissez depuis des mois ou des années, il conviendra, une fois que votre plan détaillé sera finalisé, de vous assurer que tous les paramètres qui le constituent sont traités dans les meilleures conditions d'efficacité.

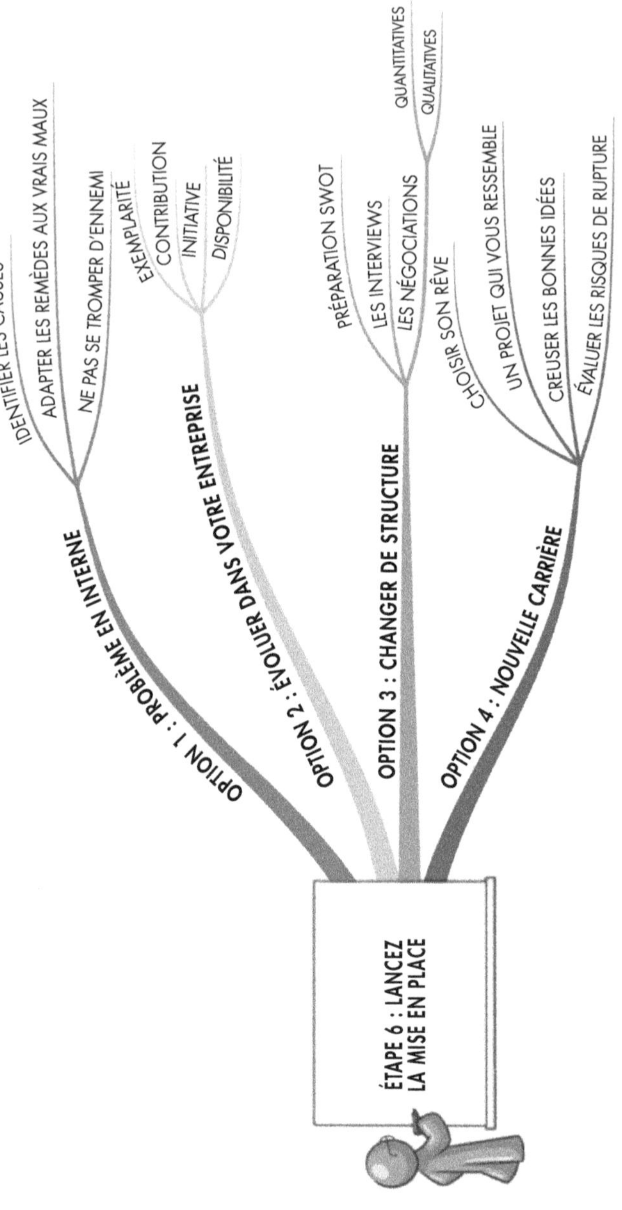

ÉTAPE 6 : LANCEZ LA MISE EN PLACE

OPTION 1 : PROBLÈME EN INTERNE
IDENTIFIER LES CAUSES
ADAPTER LES REMÈDES AUX VRAIS MAUX
NE PAS SE TROMPER D'ENNEMI

OPTION 2 : ÉVOLUER DANS VOTRE ENTREPRISE
EXEMPLARITÉ
CONTRIBUTION
INITIATIVE
DISPONIBILITÉ

OPTION 3 : CHANGER DE STRUCTURE
PRÉPARATION SWOT
LES INTERVIEWS
LES NÉGOCIATIONS
QUANTITATIVES
QUALITATIVES

OPTION 4 : NOUVELLE CARRIÈRE
CHOISIR SON RÊVE
UN PROJET QUI VOUS RESSEMBLE
CREUSER LES BONNES IDÉES
ÉVALUER LES RISQUES DE RUPTURE

Effectuez un bilan et un suivi

« *Il n'est point d'obstacle dont ne triomphe une audace persévérante* »
Pétrone

Comment entretenir votre dynamique ?

Votre projet est désormais lancé ! C'est le moment de faire un point général sur la situation, de dresser un bilan, et surtout tirer les enseignements qui s'imposent pour le suivi des opérations : l'amélioration de votre produit ou service, une meilleure efficacité générale, une meilleure gestion du temps, un rendement supérieur, une communication externe mieux ciblée, etc.

Concentrez-vous sur la recherche de succès dans votre projet. Laissez à d'autres le soin d'anticiper un échec, de dire tout haut que « ça ne marchera jamais », qu'on ne trouvera pas de clients, qu'on fait tout ça pour rien… Au contraire, shuntez l'échec annoncé.

En premier lieu, assurez-vous que vous êtes en pleine forme aussi bien mentale que physique, car les deux se renforcent mutuellement.

Renforcez votre mental

Votre mental, c'est la puissance de votre force intérieure. Votre niveau de motivation et la quantité d'énergie dont vous disposez conditionnent la mise en action de vos talents, votre ambition, votre audace afin de diriger vos efforts, aussi bien dans la difficulté que dans le succès. C'est votre mental qui détermine l'équilibre de l'ensemble.

À MÉDITER

Lors de sa traversée à quatre cent cinquante mètres de hauteur au-dessus des gorges de la rivière Little Colorado près du Grand Canyon le 24 juin 2013, le funambule américain Nik Wallenda répétait à haute voix : « J'ai confiance dans mes capacités. Mais c'est au mental que je dois faire très attention... »[1]

Les analyses effectuées dans tous les domaines : performances sportives, succès militaires, concurrences industrielles, négociations politiques – démontrent jour après jour que le gagnant – en tant qu'individu ou groupe – est celui qui possède le mental le plus fort...

Votre efficacité et votre équilibre psychique sont en premier lieu la résultante, la conséquence, de votre éducation dans votre famille et à l'école : vous a-t-on formé à vous construire un mental d'acier plutôt que de vous apprendre à plaire à tout le monde ?

Et maintenant, votre mental dépend de l'entraînement et des efforts que vous aurez effectués pour optimiser votre forme physique ; et inversement, votre forme physique résulte d'un mental fort. Les deux notions sont complémentaires au point

© Groupe Eyrolles

---

1   MYTF1news, le 24 juin 2013.

de créer une spirale positive dans un cas, négative dans l'autre. Autant jouer la carte de la spirale positive...

À MÉDITER

Trop souvent, des cadres suivis en coaching affirment ceci : « Mon job, ça va en ce moment, mais j'ai l'impression désagréable de ne pas être apprécié... » ; ou : « j'ai l'impression que mon N+1 ne s'intéresse pas du tout à mon travail... » S'il est vrai que le système actuel ne favorise pas la reconnaissance systématique du travail bien fait au même titre que dans le monde du sport de haut niveau, il faut s'en accommoder et se sentir suffisamment sûr de soi pour ne pas se sentir vulnérable – et surtout ne pas le montrer – dans un monde où les Brutes survivent plus longtemps que les Bons... En effet, un jour, cela pourrait servir d'argument à un N+1 en recherche de candidats à l'auto-élimination.

L'anxiété agit sur votre mental : elle peut soit renforcer vos capacités intellectuelles si elle ne dépasse pas un niveau optimum, soit les annihiler si elle est trop importante, avec risque de réduction de votre champ d'attention et de focalisation sur un objectif précis, voire créer un état de peur paralysant toute action. Solution : travaillez votre niveau d'anxiété optimum afin d'accéder au *flow* des sportifs (voir l'annexe 1) avant une négociation ou une présentation en public, plutôt que de feindre de l'ignorer.

Une technique de renforcement de vos capacités intellectuelles, physiques et mentales nous vient des États-Unis : la « Brain Gym », est une pratique fondée sur le mouvement (kinesthésie). Elle est progressivement adoptée dans les écoles en France, car elle permet d'activer nos cinq sens, notamment dans des situations de stress, d'émotion et d'apprentissage, afin d'augmenter nos capacités de concentration.

En quoi consiste la Brain Gym ? Nous n'avons pas reçu l'autorisation des détenteurs de cette marque maintenant déposée d'exposer les vingt-six mouvements à pratiquer pour améliorer nos performances dans les domaines exposés plus haut, mais toutes les informations sont à votre disposition sur le site www.braingym.fr. En outre, certains mouvements sont disponibles sous forme de dessins en tapant « brain gym » sur Google Images. Pour pratiquer ces exercices en fonction des situations que vous avez à gérer, les informations sur *Brain Gym*, le livre de référence dans ce domaine, sont indiquées dans la bibliographie à la fin de cet ouvrage.

Prenez-vous soin de votre santé ?

La quantité et la qualité de votre sommeil sont deux aspects essentiels.

Par quantité, nous faisons référence au nombre d'heures de sommeil par nuit. Si elles sont insuffisantes, vous allez vous épuiser inutilement – même si cela prend plusieurs années – et vous allez être plus vulnérable au stress.

La qualité de votre sommeil, elle, fait référence à la légèreté de votre dîner, à l'heure à laquelle vous vous couchez (idéalement avant minuit), à la régularité de votre rythme de sommeil, et au silence qui vous environne quand vous dormez.

EN PRATIQUE

Si vous êtes en déficit d'heures de sommeil, faites systématiquement une courte sieste après déjeuner. Réparatrice du stress, source d'amélioration de la réflexion, la sieste au travail est progressivement pratiquée presque partout au monde... sauf en France !

Et votre alimentation ?

Une experte américaine de la santé, Louise L. Hay, a dit : « *Si ça pousse, vous pouvez le manger, sinon, non !* » Son argument tient dans le fait que nos cellules sont vivantes et que pour se reproduire dans les meilleures conditions, elles nécessitent des ingrédients naturels. En fait, il n'y a pas de recettes miracles (au sens propre comme au figuré...).

— Exit, les boissons gazeuses sucrées, les sauces lourdes, les recettes utilisant du gras et les plats souvent reconstitués ou trafiqués à partir de restes douteux (saucisses, pâtés, etc.). À la limite, mieux vaut manger du vrai cheval que de la fausse farce...

— Parmi les secrets d'une alimentation saine, il convient de rechercher un équilibre permanent entre lipides, glucides et protéines.

— Pour le reste, évitez de rajouter à vos plats trois aliments : du sucre, du gras (dosez les proportions d'oméga 3 et d'oméga 6) et du sel.

— Les fibres, les aliments frais et naturels représentent les meilleures solutions. Et si vous achetez des ingrédients de qualité, votre corps se contentera de quantités moindres pour assurer son équilibre.

— Enfin, le sucre et le sel de substitution, les aliments « *light* », etc., produisent un effet pire que les originaux pour votre organisme, car leur goût donne à votre corps l'impression qu'il absorbe les vrais ingrédients : il libère par le pancréas des substances de compensation alors qu'il n'y a rien à compenser.

Idéalement, les aliments doivent être adaptés à chaque personne en fonction de son activité physique, son activité intellectuelle, son âge et son sexe ; afin d'optimiser l'énergie nécessaire pour vivre, le recours à un naturopathe reste la meilleure solution.

Dans tous les cas, l'eau, dont il faut beaucoup boire (1 litre à 1,5 litre par jour), représente notre meilleure source d'énergie, car elle alimente notre cerveau.

Faites-vous du sport ?

Pourquoi faire du sport ?

* pour soi ;

* pour s'oxygéner ;

* pour évacuer les problèmes et les soucis ;

* pour lutter contre le cancer et, plus généralement, toute maladie ;

* et surtout pour rééquilibrer les activités mentales et physiques.

La pratique d'un sport, ou d'une activité physique régulière, pour se renforcer, pour accroître sa résistance physique, est extrêmement simple. C'est pourquoi elle est si difficile à réaliser ; tout le monde se rassure en montant des stratégies compliquées, peu réalistes et onéreuses.

À MÉDITER

Lorsque l'auteur habitait Pasadena, en Californie, la majorité de ses voisins allait au club de sport de la ville en voiture (à 2 km environ) faire du vélo en salle comme des fous pendant une demi-heure. En deux ans, il n'a pas vu une seule fois quelqu'un y aller – ou se promener dans le quartier – à… vélo !

Il est connu et reconnu que la pratique d'un sport quel qu'il soit doit durer au moins une demi-heure par session, et au minimum deux heures par semaine de façon à mettre son système cardiaque sous pression et oxygéner son corps dans les meilleures conditions.

La marche, la natation et le vélo peuvent convenir à tous. Sinon, essayez un sport que vous n'avez jamais pratiqué, d'abord parce que c'est un exercice intellectuel et que tout exercice intellectuel est enrichissant, et puis c'est une bonne façon d'élargir votre réseau !

En revanche, les sports pratiqués une fois par an, tel que le ski de descente, sans entraînement, sans préparation, mais de façon intensive pendant une semaine, sont peut-être une aubaine pour les rebouteux, chirurgiens et autres ambulances des stations de sports d'hiver, mais restent un fléau pour la santé.

> **À MÉDITER**
>
> La firme MS & CO, spécialisée dans la formation continue d'adultes, basée à Mudaison, dans l'Hérault, résume très bien la situation : « La pratique d'activités physiques et sportives est source de bien-être, de santé. Ses bienfaits et ses valeurs ne sont plus à démontrer : réalisation de soi, concentration, cohésion, défis, dépassement de soi, gestion du stress. »

Le besoin de s'isoler

Accordez-vous une heure tranquille chaque jour pour réfléchir ; le principe de la « *quiet hour* », prôné par les experts américains de la santé, est rarement mis en application. On se dit : « Il faudrait que je le fasse ; c'est une bonne idée ! » Mais nous avons rencontré peu de personnes qui le faisaient systématiquement… Or l'hyperactivité ne permet pas de solliciter ses ressources, ni ses talents.

Le luxe serait évidemment de s'accorder de temps en temps une journée complète de farniente, rien que pour vous, sans avoir à parler : pas d'objectif précis, pas d'agenda, juste contempler la campagne, regarder la mer, pêcher au bord d'une rivière, ou marcher dans la montagne ; regarder des enfants gazouiller dans un parc ; passer une journée chez vous sans le dire à personne pour revoir votre DVD préféré et vous faire un repas sympa avant la sieste. Bref, sortir de l'addiction à l'action pour reposer son système nerveux (trop nerveux ?) sympathique. Cela permet de régénérer et restaurer son énergie, qui est mal sollicitée (voir la technique du *switch* évoquée en annexe 1).

Relaxation/méditation

La pratique des techniques de relaxation, telles que le yoga, le qi gong, la sophrologie, et dans une moindre mesure la gymnastique suédoise ou le wushu, s'est considérablement développée en France depuis 2000 (d'après *Le Figaro Magazine* du 10 mai 2013, 25 % des Français les auraient essayées). Cependant, ces disciplines nécessitent de disposer d'un accompagnement professionnel de haut niveau.

EN PRATIQUE

La pratique la plus simple pour éliminer stress et anxiété est la respiration abdominale, qui consiste à inspirer en gonflant fortement son ventre au maximum, puis à souffler en contractant l'abdomen.

Travail de la mémoire immédiate

Il s'agit d'un exercice à réaliser comme un sport. Entraînez-vous à retenir un maximum de noms, de codes, de numéros de téléphone, d'adresses, de titres de livres, etc. La pratique qui consiste à tout noter est contre-productive, dans la mesure où vous n'entraînez pas votre mémoire et où vous devenez dépendant de vos notes qui s'entassent en s'éparpillant.

EN PRATIQUE

Aux États-Unis, il existe une solution 100 % efficace : lorsque quelqu'un se présente à vous, regardez-le bien pour enregistrer son visage et pensez à répéter son prénom à haute voix : « Hi Jonathan ! » (par exemple) en y pensant réellement. Cela alimente à la fois votre mémoire visuelle et auditive. La mémoire imagée peut être plus sûre que la mémoire auditive ou vice versa selon chacun de nous. Certains préfèrent lire un numéro de téléphone pour le mémoriser, alors que d'autres vont le répéter à voix haute ; dans tous les cas, cumuler les deux est souhaitable. Mais, attention ! Votre mémoire dépend de votre niveau de motivation et de l'état de vos émotions au moment de son enregistrement.

Il n'y a rien de pire que d'être approché par quelqu'un qui se souvient de votre nom, du dîner où vous étiez assis à côté, de votre métier, etc., alors que vous ne pouvez même pas vous remémorer son prénom (s'il s'agit d'une femme, vous êtes en train de vous immoler debout…). Et c'est encore pire si vous parlez à quelqu'un d'autre et devez présenter ces deux personnes l'une à l'autre…

Assumez votre style et capitalisez dessus

Le style, c'est le dernier étage de la fusée ; c'est à la fois un savoir-faire et un savoir être. C'est la façon dont on fait les choses. Il rassemble tous vos atouts, dont il a été question dans l'étape 2 :

- vos compétences qui vous font trouver un emploi ;
- votre ou vos passions qui vous motivent ;
- vos dons qui vous accompagnent ;
- vos talents qui représentent votre plus-value.

Le style est matérialisé par une attitude vis-à-vis d'une situation, au sein d'un groupe, ou encore face à une audience. Il offre une crédibilité quasi immédiate lorsqu'il correspond à une réalité, lorsqu'il sonne juste, lorsqu'il permet d'être soi-même.

EN PRATIQUE

Lors d'une réunion informelle, ou d'un dîner, avec des personnes que vous ne connaissez pas, faites l'essai de vous présenter sous un statut différent du vôtre, juste quelques minutes ; le temps de faire un test.

Lorsqu'on vous demande votre occupation, dites : « je suis chirurgien, je suis avocat pénal, je suis charcutier, je suis ingénieur agronome », ou mieux encore « je suis comédien », et voyez combien de temps vous tenez ! Moins votre fonction annoncée correspond à votre style, plus on va vous poser de questions…

…

> Dans le même contexte que précédemment, retournez la question en disant juste : « D'après vous ? », et vous apprendrez beaucoup sur votre vrai style...

Le style fait partie de votre individualité ; il représente votre façon d'agir ; renforcez-le, définissez-le, développez-le, réalisez-le.

À MÉDITER

Voici quelques exemples d'éléments constitutifs d'un style (qui n'a aucun lien direct avec vos talents) : précis, adaptable, rapide, énergique, enthousiaste, innovant, méthodique, patient, persévérant, ponctuel, qui travaille vite, responsable, autonome, qui fait preuve de tact, entier.

Les approches suivantes méritent d'être mentionnées à ce stade.

Libérez votre créativité

Les idées représentent l'une des nombreuses façons de réussir. Vous avez des idées ? Transformez-les en actions, telles que des techniques de prospection, communication verbale et écrite. Proposez des solutions originales dans le cadre de votre travail quotidien.

Et pourquoi ne pas inventer le métier qui vous plairait ? Cependant, si vous n'arrivez à convaincre personne, même si vos idées sont brillantes, à quoi servent-elles ? Inversement, certaines personnes ont des idées assez banales et simples, mais si elles ont l'aptitude nécessaire pour les mettre en place totalement, elles rencontreront peut-être un succès important ; ce qui nous incite à évoquer une fois de plus le besoin de complémentarité dans la gestion d'un projet : l'un a la tête dans les étoiles (produit des idées) et l'autre les pieds sur terre (met les idées en place).

Vis-à-vis de l'environnement actuel, vous pouvez adopter plusieurs attitudes en matière d'idées, qui sont directement liées à votre personnalité et à votre expérience ; en voici quatre assez typiques :

1 — Imaginez le monde dans dix ans et les produits et services qui seront nécessaires.

2 — Inspirez-vous d'une idée existante, améliorez-la, ou mettez-la en place de façon plus efficace qu'actuellement.

3 — Si vous n'êtes pas créatif de nature, entraînez-vous à la créativité pure à travers des formations *ad hoc*.

4 — Concentrez-vous sur l'art de poser des questions qui poussent vos interlocuteurs à réfléchir autrement, à faire eux-mêmes preuve de créativité. Il s'agit alors d'une forme de « *cross-fertilization* »[1].

Attention cependant aux personnes que les idées dérangent, car elles n'aiment pas remettre en question ou modifier l'existant auquel elles sont habituées. Elles assimilent les créateurs d'idées à des perturbateurs non fiables, essentiellement motivés par le désir de ne pas faire le travail qui leur est confié sans se poser de questions… De toute façon, ce genre d'exercice sera plus positif que de se plaindre du climat politique, du prix de l'essence et des retards dans le RER…

— Question 7-1 : Comment vous situez-vous parmi les quatre catégories évoquées ci-dessus ?

Votre choix : 1 – 2 – 3 – 4

— Question 7-2 : Combien de fois au cours des douze derniers mois avez-vous acheté un quotidien ou une revue traitant d'un sujet différent de votre spécialité, ou représentant un courant de pensée opposé au vôtre afin d'élargir la perspective de vos opinions ?

Votre réponse :

---

1   Confrontation positive destinée à faire émerger des idées créatives ou originales.

Soyez proactif

Il s'agit de ce fameux concept créé par l'homme d'affaires et conférencier américain Stephen Covey dans son livre *Les Sept Habitudes des gens hautement efficaces*[1]. La proactivité est une attitude proche de l'audace qui tend à prouver que si vous décidez de prendre des initiatives, cela vous mènera *in fine* au succès. Malheureusement, c'est plus compliqué que cela, car certaines personnes que nous avons rencontrées ont été déçues des résultats obtenus dans ce domaine, car elles ont été proactives à contre-courant…

En fait, les difficultés résident à la fois dans le discernement dont il faut faire preuve dans la proactivité pour s'assurer qu'elle engendre effectivement des succès, et dans la sagesse consistant à ne pas trop s'éloigner de sa personnalité.

À MÉDITER

L'auteur arrive dans le hall d'une école de commerce pour rencontrer le directeur. Il essaie de prendre un café au distributeur, mais n'a pas la bonne monnaie. Une étudiante qui observe la scène, Francisca, lui propose de le lui offrir. Ils discutent. Il se trouve que l'auteur cherche une stagiaire pour l'aider dans ses travaux sur les décisions. « *Arrêtez de chercher ! Vous l'avez : c'est moi…* », lui dit-elle. Francisca a effectivement effectué son stage dans sa structure. Le coût ? Un café. Bien joué !

Entraînez-vous au « *lateral thinking* »

Comme nous l'avons vu plus haut, ce concept a été conçu à l'origine par Edward de Bono en 1967. Il consiste à chercher à approcher toute situation différemment, à « sortir de la boîte » dans laquelle nous sommes, à « challenger » nos habitudes…

Il est parti du principe que nous cherchions des solutions avec des outils traditionnels alors que nous serions plus efficaces en

---

1   Ce livre a été publié pour la première fois aux États-Unis en 1989.

nous en affranchissant pour en concevoir d'autres, plus appropriés à chaque situation. Il utilise l'illustration du jeu d'échecs que nous nous sentons obligés de manier avec des pièces aux rôles préconçus, alors que rien ne nous empêche d'en modifier la fonction à chaque fois que nous jouons…

Voici quelques-unes des techniques utilisées :

— Regarder un problème sous un angle différent, non classique, en commençant par remettre en question sa définition avant de chercher des solutions…

— Solliciter son imagination et son inspiration en refusant le raisonnement par déduction verticale auquel nous avons tous été formés.

— Refuser les justifications non prouvables (exemple : « Parce qu'on a toujours fait comme ça ») ou conventionnelles (exemple : « Mais vous n'y pensez pas ! »).

— S'entraîner à rechercher cent façons d'utiliser les composants d'un objet non réparable.

— Se faire remarquer d'un employeur potentiel en lui proposant une série d'améliorations pour son produit après avoir réalisé à titre personnel une étude de marché liée à une analyse de celui-ci.

— Rechercher des approches latérales, afin d'expérimenter de nouvelles sensations et de nouvelles utilisations à ce qui existe déjà (exemples : recettes culinaires, consulting au téléphone, proposition à un P-DG de racheter son entreprise alors que c'est vous qui cherchez à lui vendre la vôtre, etc.).

— Créer un blog pour être plus visible dans son entreprise que par des réunions bâclées avec son N+1.

Le *lateral thinking* propose également deux techniques originales : **la provocation** et **l'humour**, afin de favoriser le changement. En effet, dans les deux cas, il s'agit de regards différents de ceux auxquels on s'est habitué, et qui ont pour effet de placer les discussions sur des plans inhabituels.

EN PRATIQUE

— Exemple de provocation : votre N + 1 vous dit : « Débrouillez-vous pour trouver une solution ! ». Vous répondez : « Vous me dites cela parce que vous n'en avez pas trouvé vous-même depuis trois mois ? » ; ou : « Confiez-moi une équipe de trois personnes que je choisis moi-même et je reviens avec une solution dans trois jours. Sinon, non. »

— Exemple d'humour : votre N + 1 vous dit : « Débrouillez-vous pour trouver une solution ! » Vous répondez : « Si vous arrêtiez de créer des problèmes, on n'aurait pas besoin de chercher des solutions, ha ha ! » ; ou : « Je ne comprends pas. Cela fait deux ans que vous dites que je ne sers à rien… Prouvez-le, ha ha ! »

Évitez le syndrome de l'erreur

Terminons ce paragraphe par votre attitude face à l'erreur.

C'est en général la crainte de commettre des erreurs – ou de vous faire dire que vous avez tort – qui limite votre créativité, votre imagination et votre audace. Or, la réflexion fondée sur la recherche de solutions *sûres* ne vous permettra pas de tenter de vous éloigner de ce qui a déjà été fait. Ce sont en effet l'expérimentation et l'acceptation du risque qui représentent les meilleures façons de déterminer les domaines où vous êtes doué, voire talentueux…

La solution ? Commencez par lâcher prise afin de vous libérer de tous les freins et autres interdits qui jugulent vos actions depuis que vous êtes en âge de prendre des initiatives, à commencer par le remplacement de la recherche vaine de perfection par le droit à l'erreur si décrié en France. De toute façon, les personnes qui cherchent à être parfaites sont au mieux ennuyeuses pour les autres et au pire frustrées de ne pas y arriver.

L'erreur fait partie intégrante de l'audace. On ne doit donc pas avoir de complexe à tenter des expériences qui échouent. La seule limite consiste à ne pas se fixer d'objectifs déraisonnables, ni accepter des enjeux tels que toute erreur serait fatale à un projet, quel qu'il soit.

Faites preuve de persévérance réaliste

> *« Trouble creates a capacity for handling it »*[1]
> *Oliver Wendell Holmes, juge à la cour suprême des États-Unis*

Tout prend du temps. La persévérance n'est pas de l'entêtement, mais une adaptation permanente à l'environnement à partir d'une ligne directrice qui est votre ambition renforcée par votre détermination. Il ne faut donc pas vous démotiver trop tôt quand les choses prennent plus de temps et d'effort que prévu. Cependant, prenez garde à ne pas consommer inutilement votre capital d'énergie émotionnelle dans des choses qui ne peuvent pas être changées.

À MÉDITER

Bernard Magrez, célèbre producteur de vins de Bordeaux, a débuté sa carrière comme simple coursier et est devenu propriétaire de quarante châteaux, motivé par sa passion et animé d'une persévérance sans limites.

Dans un autre registre, le peintre baroque flamand Rubens (1577-1640) a conforté son talent par de l'audace, du travail, de la persévérance et une vitalité hors du commun.

La question que vous devez vous poser en permanence est la suivante : quelle est la meilleure façon d'utiliser mon temps et

---

1   *« Les problèmes créent la capacité à les surmonter. »*

mon énergie ? C'est en fait la persévérance qui vous a permis de transformer vos dons en talents ; c'est ce qui fait la différence entre un velléitaire et vous…

Loi de Murphy

L'ingénieur en aérospatiale américain Edward A. Murphy Jr (1918-1990) est l'auteur de la fameuse loi de Murphy : « *Rien n'est aussi simple qu'il n'y paraît ; tout prend plus de temps que vous ne pensez ; et si quelque chose doit mal se passer, cela se passera mal ; et au plus mauvais moment.* » Cet adage a été dépassé plus récemment par la loi de McGregor qui affirme : « *Murphy était un optimiste…* »

Plus sérieusement, la question mérite d'être posée : qu'arrive-t-il si les choses ne se passent pas comme prévu ? Vous pensez que c'est improbable, que cela n'arrive qu'aux autres ? Pas si sûr !

À MÉDITER

L'auteur a lancé un projet de société de services dédié aux Britanniques s'implantant en France ; il a mis trois mois à recruter une assistante bilingue spécialisée dans ce domaine, qu'il forme dès son arrivée aux services proposés. Le premier client anglais débarque à Paris. Un programme complet est organisé pour lui par l'assistante, qui l'emmène visiter des bureaux, rencontrer la CCI britannique, etc. Le soir, le client appelle l'auteur : « *Votre assistante a été tellement efficace que je l'ai recrutée pour moi !* » Merci beaucoup… L'auteur lui a facturé un recrutement au prix fort, mais le projet a pris trois mois de retard non anticipé !

Tout est une question d'équilibre : vous êtes convaincu que tout se passera bien, mais mieux vaut garder une marge de manœuvre à chaque fois que vous le pouvez. Si vous expédiez une machine-outil par le port de Marseille, et si tout est prévu pour qu'elle parte le 20 février au soir, négociez quelques jours de sécurité, par exemple une expédition le 13 au soir. Il est prudent de garder une marge de manœuvre, car votre machine-outil peut tomber en panne pendant les essais, votre produit peut avoir un défaut ; le transporteur peut être retardé, une tempête de neige peut bloquer la route, et surtout le port de Marseille a toutes les chances d'être en grève ce jour-là…

Relier chance, opportunité et… hasard

Tout est affaire de croyance. Si vous croyez au hasard, à votre bonne étoile, à la chance – ou à la malchance – dans tout ce qui vous entoure, cela deviendra votre vérité, et tout concourra à renforcer votre croyance, c'est-à-dire votre représentation subjective du monde. Car les croyances ont la redoutable capacité de se renforcer naturellement.

Si vous vous dites que vous êtes incapable de réussir (croyance limitante), vous avez toutes les chances d'y arriver (réalité), car vous allez facticement créer les conditions de l'échec ; alors que si vous vous accordez le droit à l'erreur, vous n'aurez plus de blocage pour réussir. Nous verrons dans l'annexe 1 que chacun de nous essaie d'expliquer une victoire ou un échec en recherchant des cohérences sous forme de causes internes (manque de confiance en soi) ou externes (chance, opportunité, hasard) selon notre état d'esprit du moment et… nos croyances.

EN PRATIQUE

La meilleure méthode pour déconstruire une croyance consiste à l'observer, l'analyser, puis en rechercher l'origine et les causes (échecs passés, parents, environnement, etc.).

Dans le cadre de ce livre, ce qui importe, c'est de ne pas vous décourager, de ne pas se sentir vulnérable par rapport à des facteurs qui vous sont extérieurs, mais au contraire de compenser les difficultés et les obstacles que vous rencontrez par *de l'audace, encore de l'audace, toujours de l'audace*, pour reprendre la fameuse formule de Danton… Sinon, vous reviendriez à la case départ et à Lionel qui nous disait « *Ça s'est fait comme ça* », dans l'étape 1.

L'attitude à bannir définitivement consiste à ne pas agir ou ne pas tenter une expérience sous prétexte qu'on n'a jamais de chance : « ça ne marche jamais avec moi », « il n'en restera plus à cette heure-ci », « ça va être fermé », « il n'y aura plus de place », « on va rater l'avion », et pire encore : « il va dire non »…

À MÉDITER

« J'ai eu la chance de rencontrer mon futur patron qui avait besoin de quelqu'un comme moi… », dixit Guy, dont la carrière avait marqué une pause du fait de la crise dans l'industrie du papier. Or, il n'a pas été recruté pour ses connaissances techniques dans le domaine de la papeterie, mais pour son carnet d'adresses savamment entretenu depuis vingt ans. Guy n'y avait pas pensé, mais son futur patron, lui, si. Quelle est la part de chance ? Quelle est la part d'opportunité dans ce cas précis ?

Si Guy ou son futur patron n'avait pas « transformé » l'**opportunité** de leur rencontre en **opportunisme**, Guy aurait continué de penser qu'il n'avait pas de chance. Ce que son futur patron a pensé, à savoir : « Guy a une autre plus-value que son savoir-faire technique dans la papeterie », Guy aurait pu le faire tout seul ; or, il n'a pas raisonné en plus-value marchande et s'est limité à son ancien métier.

Il est vrai qu'il est difficile d'évoluer tout seul tant qu'on utilise les raisonnements auxquels on est habitué. La chance doit devenir alors un calcul statistique. Pour certains, il faut faire deux essais pour réussir ; pour d'autres il faut en faire cent. Si chez vous la proportion de chance est de 1 %, faites les cent essais ! C'est également cela, *l'audace de réussir*…

De toute façon, un manque de chance dans un cas peut créer une situation nouvelle dans laquelle la chance sera de votre côté, et ainsi de suite. Mais vous n'en saurez jamais rien. Alors, autant éviter de sombrer dans la superstition…

EN PRATIQUE

Vous voulez trouver de nouveaux clients ? Créez des opportunités originales, novatrices, pour les rencontrer… (voir la notion de circuit évoquée à l'étape 5).

En ce qui concerne **le hasard**, il est le préalable aux deux concepts précédents, mais il est difficile d'en tenir compte, car il nous entoure vingt-quatre heures sur vingt-quatre, toute notre vie, sans que nous puissions agir dessus. La chance peut se tenter, l'opportunité peut se créer, mais le hasard est une notion plus abstraite.

Certains disent : « Si je l'ai rencontré, c'est que c'était écrit ! » Et si ce n'était pas écrit, quelle différence cela ferait-il ? Il semble qu'il s'agisse en fait d'une attitude personnelle devant les événements, peut-être une façon de se rassurer, ou de se relier à sa destinée et, ultimement, à la religion.

La loi du nombre s'applique parfaitement au hasard : si vous acceptez dix invitations à des conférences, cocktails, dîners ou autres événements, vous aurez naturellement *plus de chances* de rencontrer des personnes intéressantes *par hasard* dans le cadre de votre projet que si vous restez chez vous à regarder la météo à la télévision…

À MÉDITER

Attention à l'analyse négative du hasard sous forme de fatalité, qui permet de s'affranchir des obstacles rencontrés en abandonnant pour la mauvaise raison…

Un point régulier sur les progrès et les difficultés

Il s'avère fondamental d'analyser objectivement les résultats partiels, à intervalles réguliers.

Pour les premiers retours du marché, il est impératif que vous preniez vos premiers clients ou utilisateurs à témoin, que vous les fassiez participer à votre projet, non seulement *ès* qualités mais également en tant que partenaires. Ils vous en sauront gré, participeront plus volontiers à vos efforts d'amélioration et surtout… seront plus indulgents vis-à-vis de vous.

Statistiquement parlant, les créateurs de projets ambitieux éprouvent des difficultés à trouver un équilibre entre la *survigilance* et la *sous-vigilance*, pour reprendre la formule d'Irving Janis dans ses études sur la qualité des décisions.

La *survigilance* consiste à être trop sensible aux difficultés rencontrées et à modifier son plan d'action à la moindre alerte, quitte à abandonner son projet avant de l'avoir réellement testé.

La *sous-vigilance* au contraire est le fait de ne pas tenir compte de problèmes graves ou de difficultés sérieuses, et de faire front trop longtemps contre l'adversité ou de l'ignorer totalement.

Des exemples militaires d'abandon de terrain au moment où la victoire était à portée de main, ou de prolongement inutile d'une bataille déjà perdue, pourraient être cités par milliers.

Plus graves sont les divergences d'opinions au sein d'un groupe ou d'une structure sur la modification ou le maintien du plan initial en fonction des résultats partiels ou provisoires atteints. C'est ici que vos talents de leadership vont être sollicités avec le plus d'intensité.

Au cours des premières étapes de votre projet, vous devez obtenir qu'en dehors des dates prévues pour effectuer des bilans partiels, on ne se pose pas de questions existentielles, on ne remette pas tout le projet en question, on n'abandonne pas le navire sans accord du capitaine, c'est-à-dire « votre » accord.

Il s'agit d'une question de sang-froid, et seule une bonne connaissance préalable de la personnalité de vos nouveaux associés a pu vous renseigner sur leur capacité à en faire preuve, ainsi que leur endurance à l'épreuve dans ce domaine.

À MÉDITER

Le P-DG d'une usine de prêt-à-porter roannaise dit un jour à l'auteur :

— Vous me demandez de me comporter en coureur de fond, alors que je suis un sprinter.

— Alors il faut vendre, vous n'avez pas les qualités requises.

Le P-DG vendit – fort bien – son entreprise et entreprit avec bonheur une carrière dans laquelle il n'avait pas à assurer une gestion quotidienne contraignante.

Gérer l'échec comme un tremplin, pas comme un blocage

> « *Failing is fine, necessary in fact… Take chances and stretch yourself.*
> *You're only here on this planet once, and for a very short time at that.*
> *Why not just see how gifted you are ?* »[1]
> Daniel Garr, ancien chercheur à l'université d'État de San José

Certaines personnes ont une attitude passive devant l'échec, voire fataliste, et pensent que si elles ont échoué, cela devait arriver, voire qu'elles le méritaient. Examinons l'échec sous trois angles d'approche complémentaires.

Distinguer les définitions

Il convient de bien séparer l'incident de parcours, l'obstacle et l'échec définitif.

---

1   « Échouer n'est pas grave, c'est plutôt nécessaire. Saisissez les opportunités et voyez les choses en grand. Votre passage sur terre est unique, de surcroît pour un temps très limité. Pourquoi ne pas tester vos talents ? »

— L'incident de parcours est inévitable, car on ne peut pas tout prévoir à l'avance (panne de matériel, problèmes de climat, faillite d'un fournisseur ou d'un client).

— L'obstacle peut être administratif, financier, politique, économique ; il peut également provenir de la concurrence. On peut l'anticiper en partie, en prévoyant des façons de le contourner ou de l'attaquer de front. On est plus directement responsable d'un échec si l'on n'a pas prévu les obstacles les plus évidents.

— L'échec définitif est sans appel : vous n'avez plus de trésorerie ; votre équipe a été recrutée par la concurrence ; votre plus gros concurrent fait du dumping pour vous ruiner ; un client vous a fait un procès pour éliminer votre produit du marché, etc.

À SAVOIR

Le droit à l'échec est désormais reconnu par les autorités françaises : l'indicateur 040 du fichier FIBEN de la Banque de France qui listait les chefs d'entreprise ayant fait faillite au cours des trois dernières années a été récemment supprimé.

Apprendre de ses échecs

Il doit toujours y avoir un enseignement derrière tout échec, ce pour trois raisons :

— Vous avez besoin de voir la situation sous un angle positif, sinon cela peut être déprimant.

— Vous voulez éviter de tomber deux fois dans le même piège.

— Vous n'avez pas écouté les observations prudentes qui vous ont été prodiguées, mais vous savez pour l'avenir qu'elles peuvent avoir de la valeur...

Identifier les causes

Enfin, s'il s'agit d'échecs à répétition, cela indique que le problème ne vient pas de l'extérieur, mais de vous : *ego* démesuré ? Envie systématique de défier les augures et autres prédictions ? Dépendance exagérée envers la chance ? Manque de souplesse et d'adaptabilité dans la mise en place de vos actions ? Défi inutile envers votre « environnement-qui-a-toujours-raison » ? Manque de préparation ?

Tout le monde peut se tromper dans l'évaluation des difficultés, tout le monde peut rencontrer des obstacles prévisibles ou non, tout le monde peut échouer. Mais il faut éviter de sombrer dans le déni. Si cela devient systématique, il faut vraiment se poser les bonnes questions : suis-je fait pour cette activité ? Ai-je la formation ou l'expérience nécessaire ? Mon dossier tient-il la route ? Ai-je les moyens de ma politique ou la politique de mes moyens ?

De toute façon un effet ne saurait subsister si sa cause a disparu.

Gardez le cap (stratégie) en vous adaptant (tactique)

> « *Whatever happens, there is to be no turning back* »[1]
> *Message du général Grant au président Abraham Lincoln pendant la guerre de Sécession (transmis par Henry Wing du* New York Tribune*)*

Nous avons vu, avec la loi de Murphy exposée plus haut, que les choses se déroulaient rarement comme prévu. Rien de révolutionnaire dans cette remarque... En revanche, ce qui importe, c'est la façon dont vous réagissez aux changements, retards, évolutions économiques, nouvelles, ainsi qu'aux problèmes

---

1   « *Quoi qu'il arrive, il n'y aura pas de retour en arrière.* »

de personnel éventuels. Vous allez en effet être confronté à de nouveaux challenges en termes de connaissances et de techniques à assimiler.

Ici, il ne s'agit pas d'être sur-vigilant ou sous-vigilant : il s'agit de s'adapter en temps quasi réel, au client (*B to B* ou *B to C*) et à son environnement… Il s'agit de trouver un équilibre entre votre tarification et la qualité de votre prestation, de positionner votre service ou votre produit vis-à-vis du marché.

En revanche, si vous êtes convaincu que le projet que vous avez – enfin – réalisé et concrétisé est celui qui vous convient, et qu'il correspond à un besoin ou qu'il mérite d'exister, ne changez pas de cap. Il suffit souvent d'une légère adaptation d'un service ou d'un produit pour décupler son succès. Par exemple : durée de la garantie, service après-vente, assistance téléphonique, conditions de paiement, etc.

C'est votre adaptabilité, votre créativité et votre sensibilité qui vous permettront d'améliorer sans cesse la qualité et l'adéquation de votre prestation avec votre marché.

Restez cependant lucide ! Ce n'est pas en acceptant toutes les exigences de vos clients que vous survivrez à terme. Ce n'est pas leur souci… Le vôtre consiste à vous positionner sur le marché de façon compétitive, mais non suicidaire. Mieux vaut vendre moins, mais faire en sorte d'être rentable à partir d'un seuil de rentabilité faible, par opposition à la formule « perdre sur chaque article, mais se rattraper sur la quantité »…

Un dernier point : si le marché ne correspond vraiment pas à vos attentes, si vos clients ne semblent pas tentés par votre offre, il va falloir remonter progressivement les étapes précédentes, une à une :

— Votre choix stratégique est-il le plus approprié ?

— Vos options réalistes ont-elles été bien évaluées ?

— Votre étude a-t-elle été suffisamment complète, professionnelle et objective ?

— Enfin, votre objectif initial était-il lucide ?

C'est donc par votre détermination à réussir que vous ferez
preuve d'assez de courage pour passer outre votre ego et revoir
votre projet jusqu'au niveau nécessaire.

Effort marginal et courbe asymptotique

Ce que vous voulez, c'est réussir… Mais pour cela, il ne faut
pas s'arrêter avant la ligne d'arrivée, ne pas vous décourager ou
vous faire décourager.

L'effort marginal

En langage industriel, le coût marginal désigne le coût de la
dernière unité produite. C'est ce qui est censé rendre votre
production rentable. Si vous n'en vendez pas assez, vous travaillez à perte car vous n'amortissez pas vos frais fixes. C'est pour
cette raison que des gammes complètes de produits (automobiles, électroménager, etc.) sont abandonnées.

À MÉDITER

Si vous rédigez un livre et que vous calez sur le dernier chapitre, il
n'aura pas de valeur commerciale. Si vous proposez un service incom-
plet, vous ne trouverez pas d'acquéreurs. Si vous n'avez pas sécu-
risé un fonds de roulement suffisant, vous ne pourrez pas traiter de
commandes importantes, etc. Par exemple : le projet incroyablement
audacieux du concepteur automobile américain Preston T. Tucker a
échoué uniquement parce qu'il avait refusé de prendre en compte
la dernière difficulté possible, à savoir la virulence de la concurrence
au moment de lancer la fabrication de voitures en chaîne, alors que
techniquement, il était très en avance sur son temps.

L'effort marginal, c'est également celui qui vous permet d'atteindre la ligne d'arrivée. Transposé à votre projet, il s'agit du dernier effort à faire pour le faire réussir.

La courbe asymptotique

Il s'agit d'une variante de l'effort marginal qui – malgré son nom un peu barbare – correspond à une notion très simple : si par exemple vous faites chaque jour la moitié du travail ou du chemin qui reste à faire, vous n'y arriverez jamais ! Même si vous en faites 99 % d'ailleurs…

Vous vous rapprocherez effectivement de votre objectif, mais sans jamais l'atteindre, car vous vous focalisez sur votre activité et non pas sur votre objectif.

Il se produit donc un moment où vous devez être « jusqu'au-boutiste », afin de compléter votre projet en vous imposant une échéance fixe. Sinon, vous ferez comme notre amie Ariane mentionnée dans la première étape, et vous passerez votre vie à distribuer des cartes de visite avec la mention « porteur de projet(s) ».

À MÉDITER

L'auteur avait mis progressivement au point un service de coaching au téléphone après moult discussions des mois durant avec un associé qui possédait déjà un centre d'appels. Mais ce dernier n'a jamais concrétisé la dernière étape qui consistait à dédier une ligne téléphonique et à détacher un opérateur pour ce projet, qui a donc dû être abandonné avant même d'être lancé.

Essayez, tentez, testez, innovez…

Si vous hésitez entre plusieurs projets, nous vous conseillons de sortir du piège de l'intellectualisation à l'extrême ; il faut arrêter de réfléchir et de peser le pour et le contre à froid. Il faut avoir le courage d'effectuer des expériences afin d'effleurer les sensations liées à une activité ou un métier. Vous aurez ainsi une vision réaliste des différents types de projet que vous caressez.

EN PRATIQUE

Vous êtes intéressé par le principe des chambres d'hôtes ? Louez un appartement ou une maison pendant votre recherche afin de ressentir l'ambiance locale. Proposez un remplacement à un propriétaire pendant la basse saison. Vous êtes tenté par le métier de publicitaire ? Proposez vos services gratuitement à une agence de publicité pendant une ou deux semaines.

Nous vous conseillons également de vous mettre dans la peau de l'autre, de vous considérer comme un consultant ou coach externe.

À MÉDITER

Un consultant en communication en recherche d'emploi nous soumet son CV pour avis. Il est banal, sans titre accrocheur, sans présentation originale ou attirante (alors qu'il évolue dans la communication...). Après quelques minutes, nous lui montrons son propre CV de loin et lui demandons sa réaction initiale. Il fait la moue. En fait, il aurait pu réaliser cet exercice tout seul, simplement en inversant les rôles entre le client et son coach...

Si l'auteur est bien placé *pour* parler d'expériences multiples, c'est qu'il a personnellement expérimenté de nombreuses pistes :

— À titre professionnel :

* banque à Paris, New York, Madrid, Lisbonne, Londres, et en province ;
* création d'un cabinet de recrutement et de consulting à Londres ;
* partenariat avec deux cabinets juridiques américains ;

- codirection d'un cabinet de outplacement à Neuilly ;
- partenariat avec deux banques d'affaires à Pittsburgh et San Diego ;
- création d'une *joint venture* avec une société de trading à Hong Kong ;
- ouverture de l'antenne française d'une société de lobbying de Washington D.C. ;
- création d'une *joint venture* franco-américaine avec une société de trading française ;
- direction générale d'un cabinet de réduction de coûts ;
- gestion du Career Center de RMS-Network ;
- création d'un service de coaching de crise au téléphone ;
- rédaction de livres sur le management.

— À titre bénévole :

- création d'une association de jeunes à La Baule ;
- organisation d'ateliers artistiques internationaux ;
- récitals caritatifs en France, Grande-Bretagne, États-Unis ;
- aide humanitaire en Asie du Sud-Est ;
- administrateur de l'assciation des anciens diplômés de Reims Management School.

Ne dites jamais tout à tout le monde

Même s'il est tentant de partager ses projets, ses succès, ses déceptions, etc., avec ses proches, il est toujours plus prudent de garder les informations importantes pour soi que de tout partager. Vous ne savez pas comment vont évoluer vos relations avec vos confidents d'un temps, et vous savez encore moins ce qu'il va advenir des messages que vous aurez partagés avec votre interlocuteur. Ne donnez pas inutilement prise à des moyens de pression ou de revanche ultérieurs, ou à la récupération d'idées par des tiers mal intentionnés.

Les personnes qui conservent un « jardin secret » sont toujours plus respectées et craintes que celles qui racontent tout pour se défouler, pour se convaincre qu'elles ont eu raison de faire ceci ou cela.

> **EN PRATIQUE**
>
> Méfiez-vous des informations que vous divulguez sous le « sceau du secret », de la promesse de votre interlocuteur de garder ce que vous lui avez dit pour lui, selon le bon vieux principe qu'un secret ne se dit qu'à une personne à la fois...

Assurez votre réussite par une double synchronisation

À présent que vous approchez la fin de ce livre, nous vous proposons de nous concentrer sur deux techniques de synchronisation complémentaires, l'une destinée à synchroniser vos atouts (la table de Jean-Cyrille Lecoq), l'autre conçue pour synchroniser vos actions (le *mind mapping* de Pierre Mongin).

La synchronisation par la table de Jean-Cyrille Lecoq

Selon le coach sportif Jean-Cyrille Lecoq, le succès d'un match, d'un projet, ou d'un défi de toute nature, nécessite la mise en place synchronisée d'ingrédients qui peuvent se visualiser sous la forme d'une table comportant quatre pieds reliés entre eux par un plateau.

Les quatre pieds

— **Votre mental** : il est représenté par l'assurance dont vous faites preuve pour résoudre un problème, surmonter un obstacle, la conviction que vous allez obtenir ce que vous souhaitez, que rien ne s'opposera à votre réussite. Il a été évoqué plus haut dans cette étape.

— **Votre forme physique** : un sportif, un cadre d'entreprise, un gérant ou un président de société ne sera pas longtemps efficace s'il est fatigué, essoufflé, stressé, tendu ou dépressif. Seul un esprit sain dans un corps sain (l'expression est toujours d'actualité…) vous permettra d'optimiser votre potentiel. Elle a également été évoquée dans cette étape.

— **Votre technique** : nous avons parlé d'excellence dans votre savoir-faire ; la technique est un entraînement dont l'intensité et la qualité doivent être directement proportionnelles aux enjeux que vous vous êtes fixés. Le talent s'exprime au-delà de la technique, mais il l'utilise comme point d'appui.

— **Votre tactique** : la tactique, c'est la façon dont vous menez l'action en vue de servir votre stratégie. Chacun utilise la tactique qui lui convient, qui lui ressemble. On avance en ligne droite, on fait un détour, on feint d'abandonner, on reprend discrètement, on s'associe pour atteindre un palier, on fait en sorte que les adversaires ou concurrents éventuels ne puissent pas anticiper le prochain mouvement, et ainsi de suite.

À MÉDITER

Lloyd Kelly, champion régional américain de judo, s'était blessé au genou gauche lors d'une rencontre précédant sa qualification aux jeux Olympiques. Son rêve de victoire était détruit. Mais son coach, un certain M. Kim, le convainquit que ses adversaires ne se souviendraient pas qu'il s'agissait du genou gauche. En mettant un bandage sur le genou droit légèrement visible sous son uniforme, les compétiteurs essaieraient de frapper ou de tordre cet endroit-là, et Lloyd pourrait ainsi les battre par surprise. Effectivement, il remporta une médaille régionale et sa place aux jeux Olympiques…

Le plateau

Il représente votre confiance en vous et votre croyance en vous, c'est-à-dire le lien entre les quatre pieds mentionnés ci-dessus.

Jean-Cyrille Lecoq sépare bien ces deux éléments, car il estime qu'il peut y avoir une connotation religieuse dans la croyance en soi. Il est vrai que la confiance en soi relie bien les quatre ingrédients représentés par les pieds de la table. Elle est concrétisée par le style que nous avons évoqué plus haut dans cette étape, qui en est la partie visible socialement. Si vous êtes sûr de vous, votre environnement accordera plus de crédit à ce que vous dites, à ce que vous proposez, à ce que vous souhaitez vendre.

Le *mind mapping*

La réalisation d'un projet ambitieux impose une synchronisation parfaite de tous ses éléments. Dans l'hypothèse de la création d'une structure, citons l'étude de faisabilité, la veille concurrentielle, le business plan, le montage financier, la sortie de votre emploi actuel, la recherche ou l'organisation de locaux, le recrutement éventuel de collaborateurs, etc.

Une fois votre projet lancé et opérationnel, la qualité et la rigueur de la méthodologie que vous allez suivre vont vous permettre de réussir là où d'autres échoueraient. En effet, la chaîne constituée : de la prospection, de la prise de commandes, de la confirmation contractuelle, de la mise en fabrication (ou sélection d'un prestataire dans le cas d'un service, consulting, coaching, etc.), de la production elle-même (ou réalisation de la mission), de la réception du produit (ou rapport de mission), de la facturation, de l'encaissement intégré dans la gestion de la trésorerie, etc., nécessite une synchronisation permanente, au même titre que la logistique, et plus globalement la *supply chain*, dans un process industriel[1]. Vous trouverez des exemples variés de *mind maps* dans le cahier central de ce livre.

Les techniques vous permettant de vous familiariser et de vous roder à l'utilisation du *mind mapping* sont expliquées en détail dans l'annexe 2 par Pierre Mongin, auteur de nombreux livres traduits en cinq langues sur le sujet.

Les logiciels proposés sont gratuits et utilisables de façon ludique afin d'en faciliter l'utilisation dans le cadre de problèmes à résoudre, ainsi que la prise de notes et le suivi de projets ambitieux.

Et maintenant...

Votre projet a mûri dans votre esprit. Il doit être désormais possible de faire un point sur vos préférences et sur vos aspirations. Vous devez en effet être en mesure de positionner les curseurs sur les douze questions fondamentales suivantes :

#1 : Seuil de souffrance

Sur le plan professionnel, comment positionnez-vous votre niveau de souffrance actuelle sur une échelle de 0 et 10 ?

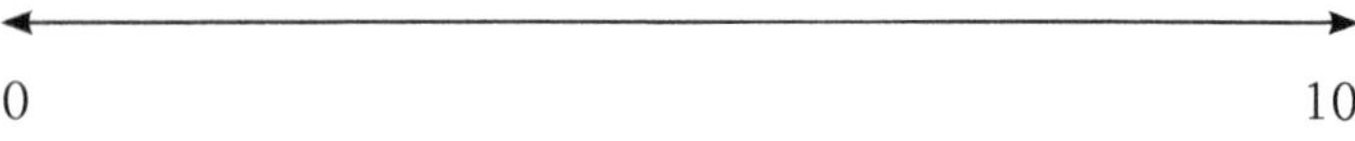

0   10

#2 : Rentabilité – Plaisir

Comment positionnez-vous l'équilibre entre (a) la rentabilité de votre future activité et (z) le plaisir que vous souhaitez en retirer ?

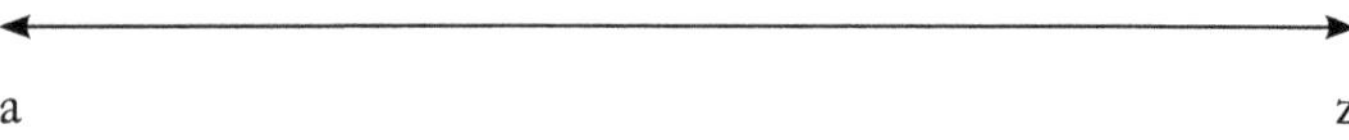

a   z

---

1   Considéré à grande échelle, il s'agit d'un métier encore trop peu répandu dans notre pays, et qui comporte une plus-value importante pour quiconque serait tenté d'en faire une spécialité à part entière.

#3 : Sécurité – flexibilité

Privilégiez-vous plutôt (a) la sécurité dans votre projet (par exemple, salaire fixe) ou (z) la flexibilité (honoraires variables) susceptible de vous rapporter beaucoup plus, ou beaucoup moins ?

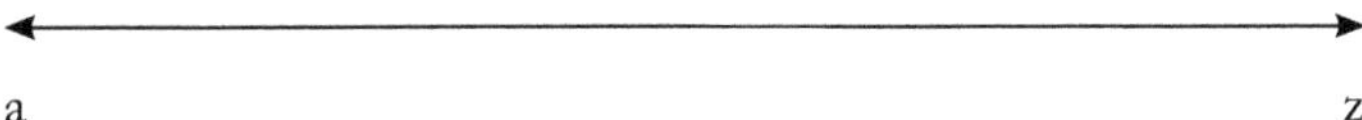

a   z

#4 : Présent – futur

Souhaitez-vous obtenir (a) des satisfactions et une rémunération immédiates ou préférez-vous (z) vous positionner dans l'avenir ?

a   z

#5 : Vous – les autres

Votre satisfaction est-elle (a) centrée directement sur vous, ou préférez-vous (z) vous dévouer pour une cause externe (humanitaire, caritative, bénévole, etc.) ?

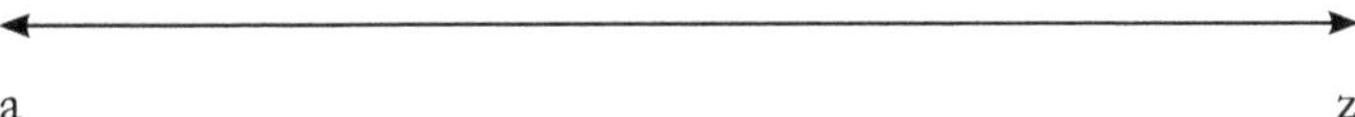

a   z

#6 : Votre degré d'implication dans votre travail

Préférez-vous (a) agir et assumer vos responsabilités à titre personnel (Jean Dupont) ou (z) vous retrancher derrière votre fonction (directeur commercial, assistant de…, chirurgien-dentiste) ?

a   z

#7 : Votre position par rapport au risque

Privilégiez-vous plutôt le risque (a) positif (manque à gagner) ou (z) négatif (perte) ?

a   z

#8 : Votre position dans le système économique

Êtes-vous plutôt (a) un animal solitaire ou (z) un joueur d'équipe ?

a   z

#9 : Votre adversaire privilégié

Préférez-vous relever des challenges (a) contre vous-même (descente à ski, rédaction d'un livre, récital de piano) ou (z) contre un ou des adversaires extérieurs (régate, concurrence sur le terrain, concours) ?

a   z

#10 : Quel positionnement du prix de vos produits ou de vos services vous convient le mieux ? Entre bas de gamme (a) et haut de gamme (z) ?

a   z

#11 : Quel niveau d'audace vous accordez-vous après la lecture de ce livre ? Comparez le résultat avec votre réponse dans l'avant-propos…

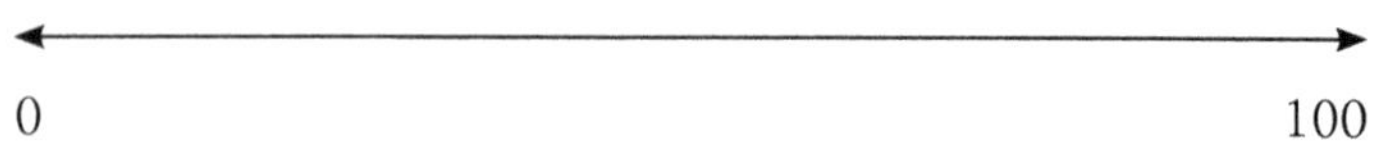

0   100

Et pour terminer !

#12 : Votre penchant naturel

Avez-vous tendance à croire que votre parcours professionnel est guidé par le sort, le hasard, la chance, la destinée, les opportunités, les concours de circonstance… (a), ou pensez-vous que rien ne remplace – ou n'altère – la volonté personnelle (z) ?

a   z

Note : Idéalement, vous devriez vous entraîner à repositionner les douze curseurs ci-dessus une fois par trimestre, de façon à vous rendre compte de votre évolution.

À RETENIR

L'une des priorités soulignées dans cette dernière étape a trait au tandem chance-opportunité. Nous sommes arrivés à la conclusion que les deux étaient inséparables : l'un mène à l'autre et réciproquement. Vous avez la chance de rencontrer une personne potentiellement intéressante dans le cadre de votre recherche ou de votre projet ? Transformez cette chance en opportunité.

Inversement, vous avez l'opportunité de parler de votre projet autour de vous ? Tentez votre chance en capitalisant sur cette opportunité.

Plus généralement, nous avons évoqué les éléments constitutifs d'un mental fort qui seul vous permet de rebondir sur les échecs qui jalonnent tout parcours, de vous construire un style crédible, de libérer votre créativité, de synchroniser vos actions, enfin de faire preuve de discernement dans les ajustements nécessaires à la réussite de votre projet quel qu'il soit.

Il est un fait que, au même titre que la victoire dans le domaine du sport, il n'y a rien de plus beau que la réussite ! Et ce leitmotiv doit vous accompagner tout au long de votre nouveau projet. Et votre réussite est celle que vous obtenez pour vous-même, avant de la confronter à votre environnement personnel, professionnel, ou social.

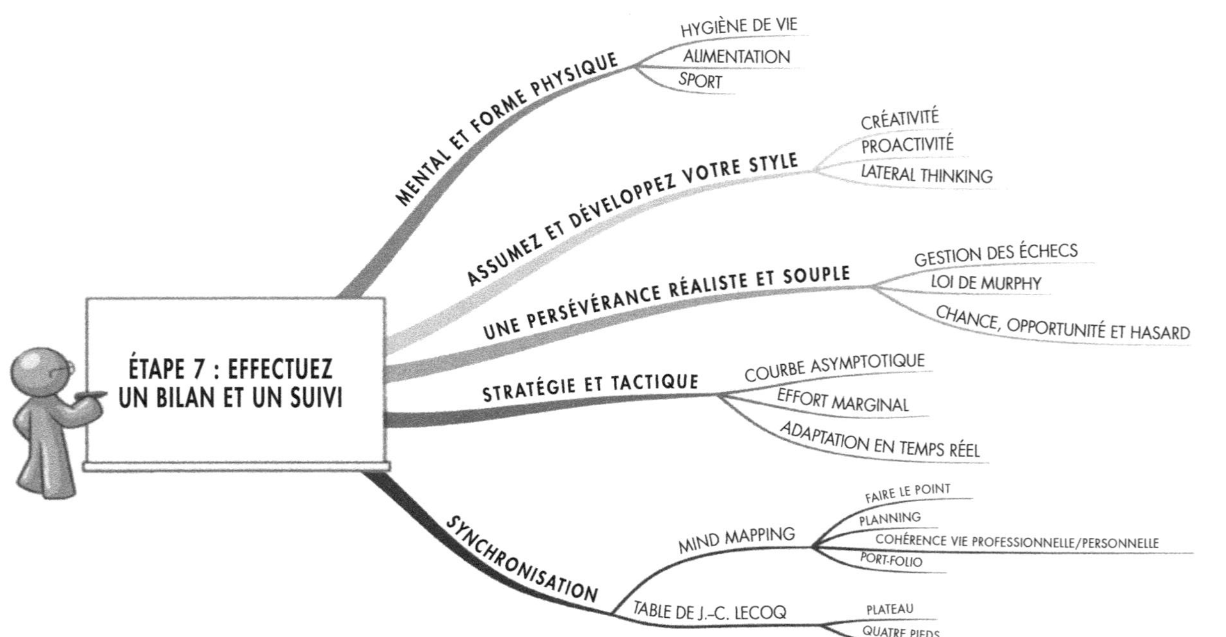
ÉTAPE 7 : EFFECTUEZ
UN BILAN ET UN SUIVI
MENTAL ET FORME PHYSIQUE
HYGIÈNE DE VIE
ALIMENTATION
SPORT
ASSUMEZ ET DÉVELOPPEZ VOTRE STYLE
CRÉATIVITÉ
PROACTIVITÉ
LATERAL THINKING
UNE PERSÉVÉRANCE RÉALISTE ET SOUPLE
GESTION DES ÉCHECS
LOI DE MURPHY
CHANCE, OPPORTUNITÉ ET HASARD
STRATÉGIE ET TACTIQUE
COURBE ASYMPTOTIQUE
EFFORT MARGINAL
ADAPTATION EN TEMPS RÉEL
SYNCHRONISATION
MIND MAPPING
FAIRE LE POINT
PLANNING
COHÉRENCE VIE PROFESSIONNELLE/PERSONNELLE
PORT-FOLIO
TABLE DE J.-C. LECOQ
PLATEAU
QUATRE PIEDS

Conclusion

« Le bonheur est le prix de l'audace »
Félix Lope de Vega y Carpio

Ce que vous venez de lire peut se synthétiser en une suite logique de cinq points successifs à assimiler et à mettre en pratique :

— Le préalable de votre réussite personnelle, c'est votre audace.

— Le préalable de votre audace, c'est votre mission sur terre.

— Le préalable de votre mission, c'est votre confiance en vous.

— Le préalable de votre confiance en vous, ce sont vos talents.

— Le préalable de vos talents, ce sont vos dons transformés en compétences.

Et le préalable de l'ensemble, c'est votre passion, votre désir de vous réaliser grâce à une volonté farouche de profiter de votre passage sur cette planète pour mettre votre valeur personnelle au service d'une cause afin de lui donner un sens.

Le trait commun à tout humain est l'énergie, le besoin vital de mouvement ; alors autant donner un sens à votre mouvement, l'orienter stratégiquement, c'est-à-dire sortir du mode automatique ou limbique (rapidité de la réaction, économie de réflexion et rigidité de la réponse), comme disent les neuro-scientifiques, en passant au mode intelligent préfrontal (stratégique, adaptatif, et innovant).

On dit que le courage, c'est sortir de sa zone de confort ; mais l'audace, c'est la partie dynamique de votre courage. C'est donc une forme de stratégie d'utilisation de votre énergie ; c'est la direction que vous lui donnez. Tout se réduit à une affaire de degrés d'éloignement par rapport à la ligne droite du confort apparent : 10° ? 45° ? 90° ? Et sur quelle durée : court terme ? Moyen terme ? Long terme ?

Comme il n'est pas toujours nécessaire de donner un coup de barre brutal à votre parcours, pourquoi ne pas commencer par modifier votre cap progressivement afin de trouver l'équilibre qui vous convient, « votre » équilibre ? Voilà résumée la philosophie qui a été développée dans ce livre.

Vous savez par où commencer... Nous espérons vous avoir donné – ou redonné – le goût de l'action... À présent, c'est à vous de jouer ! Mais vous pouvez y arriver. Tout le monde le peut. Beaucoup ont réussi. Toujours par de l'audace, que ce soit la première traversée de l'Atlantique en avion, les premiers pas de l'homme sur la Lune, ou plus récemment l'invention de l'Atlas, premier hélicoptère à propulsion humaine... Pourquoi ne réussiriez-vous pas un exploit dans votre domaine, vous aussi ?

En effet, à y réfléchir vraiment, est-ce si difficile ? Les expériences que nous vous avons conseillé de tenter, puis de réaliser, les différents projets que vous étudiez ou que vous allez étudier, la recherche d'identification de vos talents, etc., doivent désormais contribuer à vous permettre de transformer votre imagination en future réalité.

Pour ce faire, il faut « juste » que vous acceptiez de lâcher prise avec votre éducation et vos limitations construites progressivement afin d'accepter votre réussite personnelle plutôt que de la craindre – voire l'éviter – et que vous intégriez une part d'audace dans votre vie si vous êtes convaincu, ou si votre intuition vous dit, que l'aventure mérite d'être tentée... Et si vous décidez d'orienter votre vie professionnelle vers une voie qui donne plus de sens à ce que vous aurez fait, alors notre objectif à nous sera déjà atteint !

Cet ouvrage étant conçu pour vous servir de guide dans votre évolution, il vous faut à présent le relire en travaillant le contenu de chacune des sept étapes proposées afin, non seulement de les reprendre à votre compte, mais également d'en assurer la mise en place à votre rythme et en fonction de votre objectif final.

Quoi de plus satisfaisant en effet que de devenir ou redevenir soi-même, de montrer que vous avez confiance en vos capacités, c'est-à-dire en vous ? Vos associés, votre famille, vos amis, vous verront d'un œil différent, voire admiratif. Ceux qui vous auront aidé dans le déroulement de votre projet seront fiers d'avoir contribué à votre succès, quel qu'il soit. Votre voix, votre assurance, votre comportement auront évolué avec vous, c'est-à-dire les composantes de votre style.

Et pourquoi ne pas reprendre à votre compte un des slogans publicitaires de la Lincoln Town Car aux États-Unis ? « *Someone successful is someone who is comfortable with himself.* »[1]

---

1   « *Quelqu'un qui réussit est une personne à l'aise avec elle-même.* »

LES 16 POINTS CLÉS DU LIVRE

1. Le point de départ de votre « renouveau » consiste à réaliser que votre sort est à 100 % entre vos mains, quel que soit le positionnement de votre curseur entre fatalité (passivité extrême) et risque fou (audace extrême). Dans une décision, le choix n'a pas d'inverse. Si vous ne l'imposez pas, il s'imposera à vous.

2. Effectuer un inventaire de votre situation globale est un exercice difficile, mais incontournable, lequel doit déboucher sur votre ambition de progresser, au rythme et dans les proportions que vous allez déterminer progressivement au cours de la lecture de ce livre.

3. On connaît peu son potentiel, que l'on a tendance à sous-estimer ou à surestimer, mais surtout à utiliser dans des domaines mal ciblés pour des raisons d'opportunités à court terme plus que par conviction. Les exercices proposés doivent donc contribuer à pallier ce manque.

4. Notre éducation, aussi bien familiale que scolaire, ne nous forme pas – sauf exceptions trop rares – à identifier puis capitaliser sur nos dons et notre individualité dès notre plus jeune âge. Ce livre doit vous inciter à mieux observer vos enfants, à les découvrir, à accompagner leur dynamisme, à les encourager dans la voie qui leur convient, car de toute façon, il y aura de moins en moins de tolérance pour les erreurs de casting dans le système économique du futur...

5. Nous devons tenir compte de nos passions, lorsqu'elles existent, pour éviter de se laisser entraîner dans une carrière banale, automatique et routinière et surtout passer à côté de notre mission sur terre. Chacun de nous doit trouver la base de son inspiration et faire de cette recherche un but ultime.

6. En tant qu'éléments d'un système social ultra-codifié, tout doit être fait pour vous permettre d'évaluer la cohérence entre l'idée que vous avez de vous-même et le message reçu autour de vous. La réduction du différentiel éventuel est la clé d'un positionnement professionnel équilibré, c'est-à-dire votre style.

7. Une fois votre potentiel établi et clarifié, vous devez y croire, puis initier une dynamique quotidienne, comme un rituel, et vous lancer dans l'action en travaillant votre intelligence émotionnelle et notamment votre estime de soi et ses différentes composantes à partir de votre valeur personnelle.

...

8. L'action orchestrée, ciblée et renforcée par votre audace va vous apporter des résultats qui, à leur tour, renforceront votre capacité à croire en vos talents, tout en les développant.

9. Vos échecs éventuels ne sont que des incidents, des obstacles sur votre parcours à évaluer sans surréagir dans un sens ou dans l'autre. Les erreurs sont inévitables dès qu'on est dans l'action, et sont à assimiler à des formations en temps réel, mais la seule loi à appliquer consiste à ne pas les répéter…

10. Le rêve ne doit pas être confondu avec l'imagination : l'un doit avoir lieu la nuit et l'autre le jour ; pas l'inverse. De la même façon, il faut savoir passer de l'idéal à la réalité sans perdre ses repères.

11. La chance est une source de motivation *a priori*, et un calcul statistique *a posteriori*. C'est la façon dont vous sollicitez, puis transformez, le hasard en opportunités qui détermine votre capacité à saisir la chance. À l'inverse, une succession de malchances peut se transformer en chance tant qu'on continue de jouer, comme au poker !

12. La méthodologie que vous mettrez en place (comme l'illustre le *mind mapping*) et la discipline dont vous ferez preuve pour réaliser votre projet, quelle qu'en soit l'importance, fixeront votre détermination et votre capacité à persévérer dans la bonne direction avec flexibilité et bon sens.

13. Votre force mentale alliée à votre forme physique renforcera votre détermination et votre persévérance tel un sportif de haut niveau qui vit sa carrière non seulement de façon intensive, mais utilise toutes les techniques existantes à sa disposition, ainsi qu'il est démontré dans l'annexe 1.

14. Tout travail sur vous-même vous sera bénéfique, quel que soit le niveau d'audace dont vous souhaiterez faire preuve : votre quotient émotionnel, vos techniques de communication, votre mémoire, vos capacités intellectuelles, votre assertivité, votre créativité, etc.

15. Avant de soumettre un travail, assurez-vous que vous en êtes fier. Sinon, recommencez… Et surtout, ne soyez pas sensible ou vulnérable aux jugements ou aux commentaires des autres.

16. Enfin, il n'y a de vraie satisfaction personnelle qu'à travers l'effort qu'on y a investi, et il n'y a de réussite possible qu'à travers l'audace dont on doit faire preuve pour arriver à ses fins. Surtout au xxie siècle.

Les techniques de préparation mentale des sportifs applicables à l'entreprise

Interview de Jean-Cyrille Lecoq

Jean-Cyrille Lecoq est coach de champions. Nous travaillons ensemble dans le domaine de l'entreprise pour appliquer les techniques de renforcement du mental auprès des salariés, cadres et dirigeants en situation de challenge important, voire de crise.

Jean-Cyrille a notamment traduit et adapté à la culture européenne le célèbre livre *Psychologie du sport* (De Boeck, 2005), écrit par l'Américain Richard H. Cox, dont la deuxième édition est parue en mars 2013. Il a aimablement accepté de répondre à nos questions concernant l'application à toute activité humaine, à tout défi professionnel ou personnel, des techniques utilisées par les sportifs de haut niveau, aussi bien avant, pendant, qu'après leur performance[1].

---

1 L'interview qui suit a pour objet de rassembler et de synthétiser les nombreux entretiens réalisés avec des sportifs de haut niveau représentant des disciplines variées, aussi bien ceux qui ont réussi aux jeux Olympiques que ceux qui ont échoué, car leur valeur personnelle, leur courage et leurs mérites sont identiques.

Les questions évoquées au cours de cette interview ont été sélectionnées parmi celles qui sont adaptables, transférables et utiles dans des contextes où la recherche de performance est plus une attitude personnelle – donc liée à un mental fort – qu'une notion quantifiable susceptible d'en appauvrir le sens, c'est-à-dire évaluée essentiellement par les résultats qu'elle permet : budgets, marges, productivité.

– Comment définissez-vous la confiance en soi ?

Il en existe deux grandes catégories :

— La confiance en soi globale, liée à la persévérance et à la volonté de travailler dur (elle m'accompagne au quotidien).

— La confiance en soi spécifique (elle se manifeste dans mon domaine de compétences), qui engendre l'humeur positive, l'éveil plus élevé, etc., fait suite à – ou est engendrée par – un élément heureux (victoire, belle performance, etc.).

Idéalement, on doit travailler aussi bien l'aspect global (tenter de nouvelles choses en général), que spécifique, tel que réussir un événement particulier (un match dans le cas du sportif, un contrat commercial dans les affaires). Dans tous les cas, il est nécessaire de capitaliser sur un succès inattendu ou exceptionnel, car cela crée une dynamique psychologique positive.

La « confiance en soi » est une composante de la personnalité qui s'entretient et se développe. Commencez par atteindre de petits objectifs et célébrez votre réussite afin d'amplifier et garder les émotions positives.

EN PRATIQUE

Choisissez cinq qualités importantes susceptibles de vous donner confiance. Puis prenez le temps de les représenter par des images, photos, vidéos, ou morceaux de musique. Rassemblez le tout dans une boîte dite « de confiance » ; personnalisez-la afin que chaque

...

fois que vous en avez besoin, vous sachiez qu'en y pensant, vous y trouverez les qualités qui renforcent votre confiance.

– Comment se travaille la motivation ? Qu'est-ce qui la crée ?

Faire preuve d'une grande motivation et d'une extraordinaire volonté de gagner fait toute la différence avec les autres personnes. L'autodétermination donne du sens au concept général de motivation. Les athlètes veulent diriger leurs actes et sentir qu'ils appartiennent à un groupe. L'accomplissement peut se réaliser aussi bien par la compétition que par la coopération.

La motivation mène à l'efficacité, au dépassement de soi. Un athlète efficace est un athlète motivé disposé à faire tous les efforts nécessaires pour connaître le succès, car il est convaincu qu'il peut réussir.

La motivation est l'un des ingrédients les plus importants du succès : capacités physiques combinées à une volonté farouche d'être le meilleur, d'être excellent ! Elle n'est pas systématiquement liée à l'obtention de récompenses ou à des attraits extérieurs (motivation extrinsèque), mais aussi au plaisir (motivation intrinsèque) et intègre l'inspiration.

Ces motivations sont orientées vers la tâche (maîtriser une habileté particulière afin d'être plus performant) ou vers l'*ego* (faire les choses pour soi, pour sa personne, indépendamment de l'effort).

Afin de développer une atmosphère favorisant la motivation, lors de ses interventions auprès de l'équipe italienne de water-polo, C. Ames recourait aux éléments suivants, regroupés sous l'acronyme TARGET :

— Tâches : définition de ce que l'on doit réaliser afin d'apprendre et s'impliquer.

— Autorité : importance de mettre en place des règles afin de définir le cadre d'intervention et pouvoir prendre des décisions.

— Récompenses : destinées à célébrer ce qui a été bien réalisé, à sanctionner une progression ; elles sont indépendantes de la notion de progression sociale.

— Groupes : utilisation du travail en petits groupes afin de développer un climat de coopération.

— Évaluation : indication de critères permettant l'autoévaluation sur effort et une progression personnelle.

— Temps : gestion du temps pour permettre l'interaction de toutes ces conditions.

EN PRATIQUE

Ayez recours à des modèles ou des héros afin de les utiliser comme référence et ainsi entretenir votre motivation. Pour cela, vous pouvez confectionner des posters motivationnels. Il s'agit de mettre sur un support des images, phrases ou autres qui vous rappellent ainsi vos objectifs au quotidien.

– L'auto-efficacité est-elle un objectif réaliste, incontournable ?

Il s'agit de la croyance en vos capacités à organiser et appliquer les plans d'action nécessaires pour réaliser des performances données. Pour qu'elle se développe, le sportif doit rencontrer des succès ponctuels. L'entraîneur, le parent, le chef, doit garantir le succès en diminuant le niveau de difficulté, voire ses réalisations passées. Sinon, il va renoncer à essayer. Puis il faut augmenter la difficulté progressivement. Pour ne pas douter de ses capacités, on fait plus d'efforts, on est plus persévérant, et on atteint un niveau meilleur.

EN PRATIQUE

Prenez le temps dans la journée de relever de petits défis afin de stimuler votre auto-efficacité. Par exemple, mettez-vous au défi de réaliser en un temps minimum une tâche au travail qui vous coûte. Des formules à répéter en boucle comme « je suis capable ! », « I can do it ! » permettent de développer son auto-efficacité.

Peut-on vraiment « travailler » sa mémoire ?

Oui, en développant son attention sélective, en sachant regarder ce qui nous entoure.

EN PRATIQUE

Répétez quelque chose pendant vingt à trente secondes pour l'apprendre et le stocker en permanence dans une mémoire à long terme. La technique psychologique du « *chunking* » pour la mémoire à court terme consiste à donner un nom ou un numéro à une opération complexe : cela doit regrouper l'ensemble. Vous pouvez utiliser tous les jeux de mémoire existant en y ajoutant un temps de réalisation. Ainsi, vous pouvez vous évaluer et repousser vos limites !

La compétence est-elle l'objectif numéro un ?

Tout enfant devrait devenir et s'estimer compétent dans au moins un sport ou une activité… Quand la confiance éprouvée dans son sport sera devenue un trait de personnalité, les nouvelles expériences vécues lui donneront des niveaux de confiance spécifiques plus élevés (voir notre conseil ci-dessus).

Annexe 1 – INTERVIEW

À MÉDITER…

On acquiert une compétence par persévérance, des efforts et du dévouement, tout en éliminant ses mauvaises habitudes.

Attention ! Une compétence sans autonomie crée un automate qui exécute une tâche pour une raison externe. Il n'existe pas d'autodétermination sans autonomie ; on doit se sentir maître de son comportement.

– L'habileté et la maîtrise sont-elles des éléments de la compétence ?

Pour satisfaire sa soif de compétence dans un domaine, on tente de la maîtriser. Quand la motivation par la compétence augmente, l'athlète est poussé à effectuer d'autres tentatives de maîtrise. Le champion imagine toutes les combinaisons pouvant se produire et ne doit jamais être surpris (en témoigne l'imagination des grands sportifs tel le basketteur américain Michael Jordan). Un geste technique maîtrisé entraîne son traitement automatique qui est surveillé par le cerveau, mais sollicite peu l'attention.

EN PRATIQUE

Les enfants qui sous-estiment leurs propres compétences ont tendance à renoncer au sport ; il faut donc éviter les attitudes négatives.

Avant de réaliser une tâche, prenez le temps de l'effectuer mentalement avec les détails qui vous semblent importants. Vous pourrez agir ensuite et ainsi renforcer votre maîtrise. Si c'est la première fois, cherchez un modèle avant de passer à l'action.

– Comment différenciez-vous buts et objectifs ?

Il est important de connaître la direction que l'on prend, car on peut ainsi savourer pleinement son cheminement. En effet, l'objectif ou la victoire n'en est que la conséquence. La victoire ne doit être qu'un but parmi d'autres (par exemple, l'amélioration de l'habilité, la tentative proprement dite, etc.).

Il existe une relation entre la difficulté du but et la performance. Des buts spécifiques ne permettent d'atteindre de meilleures performances que lorsqu'on cherche simplement à « faire de son mieux ».

Il existe trois sortes de buts :

- les buts de résultat : comparaison avec autrui ;
- les buts de performance : points, rapidité, satisfaction personnelle ;
- les buts de processus : comportements spécifiques ; exécution correcte d'un mouvement ou d'une action ; amélioration des performances et des résultats ; lutte contre l'anxiété exagérée (la meilleure technique consiste à éviter de se poser trop de questions susceptibles de la favoriser).

Les stratégies à buts multiples sont généralement les meilleures, car elles optimisent les incitations à l'effort. Les enfants veulent jouer, pas seulement regarder les autres jouer ; ils veulent atteindre les buts qu'ils se sont fixés.

EN PRATIQUE

Attention au découragement quand les buts sont trop difficiles à atteindre. Il faut alors les ajuster. En cas de problème, passez des buts de résultats aux buts de performance ou de processus. Travaillez les aspects ludiques des buts ! On compte dix principes de fixation de buts efficaces :

1. Fixer des buts spécifiques, mesurables et observables.

2. Identifier clairement les contraintes de temps. Des délais trop longs vont repousser l'effort à plus tard avec pour effet de se déconcentrer.

3. Choisir un but de difficulté moyenne est préférable à un but facile ou difficile. Cela donne en effet l'impression qu'on peut le réaliser.

...

4. Consigner par écrit les buts choisis et contrôler régulièrement les résultats.

5. Associer les trois types de buts.

6. Se fixer des buts à court terme pour atteindre ceux à long terme.

7. Se fixer des buts de performance collectifs ET individuels.

8. Se fixer des buts pour l'entraînement et pour la compétition.

9. Veiller à ce qu'ils soient intégrés par l'intéressé.

10. Prendre en compte la dimension individuelle ainsi que la personnalité.

En recourant à la visualisation positive de l'objectif que vous voulez atteindre, vous verrez le chemin à parcourir et pourrez surmonter plus facilement les difficultés. À cela, vous pouvez ajouter la réalisation d'un poster motivationnel axé sur cet objectif.

Un objectif collectif est meilleur que lorsqu'un groupe conserve des buts individuels. De surcroît, il doit susciter un sentiment d'acceptation et d'internalisation. Idéalement, il convient de laisser les intéressés fixer leurs buts ou de les faire participer à leur processus de fixation, comme dans l'élaboration d'une décision.

EN PRATIQUE

Voici un exercice pour définir la priorité de vos objectifs.

Prenez une feuille de papier, puis sans réfléchir, positionnez les symboles suivants dans l'ordre qui vous convient : croix, triangle, carré, cercle et spirale. Il n'y a pas de bonne ou de mauvaise réponse, l'ordre sur la feuille indique vos priorités du moment. Voici la signification de chaque symbole :

La croix représente le carrefour : il est important pour vous d'être au contact de l'information.

...

Le cercle représente votre propre personne.

Le triangle représente la direction, le sens où vous allez.

Le carré représente l'ordre : il est important pour vous que les choses soient ordonnées.

La spirale représente l'énergie que vous allez déployer, et dont vous disposez.

– L'équipe, les encouragements et l'entraîneur sont-ils réellement différents de ce qu'on constate dans le monde des affaires ?

L'amitié et l'acceptation par les pairs dans le groupe renforcent la motivation. L'apprentissage se réalise grâce à l'observation et au renforcement social, bien que certains experts pensent que ce n'est pas l'expérience qui façonne l'individu, mais la perception qu'il en a.

Un *feed-back* positif et encourageant n'est jamais une perte de temps. Les louanges et les conseils techniques renforcent la motivation par la compétence.

EN PRATIQUE

Il est nécessaire de bannir les commentaires négatifs sans une contre-partie positive. En outre, ne laissez personne s'isoler, quelles que soient son activité et la situation à traiter.

Une personne se comporte conformément aux principes qu'elle a acquis, en fonction des contraintes liées à son environnement.

Notez que les performances et le comportement d'un enfant sont conditionnés à la fois par ses expériences vécues et par son environnement.

EN PRATIQUE

Le « sandwich psychologique », ou « technique du hamburger » : lorsque vous avez un reproche ou une critique à faire à quelqu'un, commencez par une phrase positive, puis exprimez votre critique avant de terminer par une autre phrase positive. Ainsi, comme pour le hamburger, ce qui n'est pas bon passe plus facilement, car la présentation est attrayante.

La réalisation d'un blason peut permettre de renforcer la cohésion d'une équipe. Un tel blason doit contenir des symboles du passé, du présent et du futur. Ces symboles doivent être choisis avec l'ensemble de l'équipe pour que le blason soit pertinent (par exemple, les scouts).

L'entraîneur n'existe pas vraiment comme tel en entreprise, car le N + 1 se comporte à la fois comme un censeur et un concurrent : il est juge et partie en même temps.

EN PRATIQUE

La cohésion d'une équipe est liée à la taille et à la stabilité du groupe. L'entraîneur doit être un expert de la communication non violente. En cas de difficulté de communication, il est bon de procéder de la manière suivante et ce pour les deux parties :

1. Préciser et définir le problème : « Il s'est passé… »

2. Définir mes émotions : « J'ai ressenti… »

3. Préciser mon intention : « Je voulais… »

4. Exprimer ce que l'on souhaite clairement : « J'aimerais… »

– Pouvez-vous nous dire quelques mots sur votre philosophie en matière de réussite ?

Les pensées influent sur les sentiments, qui influent eux-mêmes sur les comportements ou les performances. On pourrait donc croire que la réussite est due à la chance et non à l'habilité.

EN PRATIQUE

La hausse brutale de la confiance, de l'humeur positive et de l'éveil agit comme un événement précipitant, en entraînant une modification sensible du comportement et des performances. Solution : sollicitez la visualisation positive de l'objectif en vue, ou à réaliser.

– Pouvez-vous nous dire quelques mots sur la focalisation de l'attention et la centration

On ne peut être attentif que si l'on est émotionnellement prêt à afficher un éveil optimal. Solution : il convient de focaliser son attention sur un indice externe lié à l'exécution de la tâche.

EN PRATIQUE

Maîtrisez attention et concentration.

Remplacez les pensées négatives par des pensées positives.

Centrez votre attention sur vous-même.

Afin de bien vous centrer et de maintenir votre attention, faites des pauses régulières de quelques minutes.

Prenez le temps de respirer par le nez, puis d'expirer par la bouche en vidant le ventre. Une pratique régulière vous permettra d'oxygéner le cerveau et donc de rester attentif plus longtemps.

Annexe 1 – INTERVIEW

– Pensez-vous que le dialogue intérieur soit un facteur clé de la performance d'un sportif ?

Le dialogue intérieur, si l'on choisit bien ses mots et ses phrases, permet de contrôler ses pensées, d'influer sur ses sentiments, afin d'accroître la confiance en soi et donc son comportement et enfin ses performances.

Le dialogue intérieur développe l'auto-efficacité et aide à se convaincre qu'on est compétent.

À MÉDITER...

Le dialogue intérieur est utilisé pour vivre le succès à l'avance ; par exemple : « Je ne laisse rien passer... » ; « Je suis capable de servir une première balle puissante et précise... » ; « Je suis un passeur précis et régulier... » ; « J'ai un bras très puissant ». Le chercheur en psychologie américain Martin Seligman, président de la société américaine de psychologie et précurseur de la psychologie positive, préconise pour pratiquer un dialogue intérieur positif de marquer sur un carnet à la fin de la journée trois éléments positifs, c'est-à-dire trois choses que l'on a faites et qui font que l'on est fier de soi. Faites cela pendant plusieurs semaines et vous vous surprendrez à repérer plus facilement les choses positives.

– Préconisez-vous le recours à la visualisation et à l'imagerie dans la préparation d'événements importants ou à fort enjeu ?

Le principe consiste à s'imaginer dans l'action, se voir réussir, entrer dans les détails de l'action. La visualisation permet également de fonctionner inconsciemment par association d'idées.

L'ex-champion français de tennis Yannick Noah expliquait que la veille de sa finale à Roland-Garros, en 1983, il avait imaginé le match alors qu'il cherchait le sommeil, et avait perdu. Puis lorsque l'on est venu le réveiller, il s'est dit qu'une seconde chance s'offrait à lui de gagner.

Annexe 1 – INTERVIEW

EN PRATIQUE

Représentez ou montrez l'objet clé de l'enjeu : balle de golf, de tennis, etc.

Imaginez ou retrouvez un endroit que vous aimez bien. Prenez le temps de repérer comment vous vous le représentez : sont-ce seulement les couleurs qui sont importantes, les sons, les sensations ou une combinaison de ces derniers éléments ? Vous saurez ainsi comment vous vous représentez les choses.

Une fois cela réalisé, imaginez une action en mettant l'accent sur ce qui vous inspire le plus. Par la suite, votre objectif sera de réaliser une image la plus proche possible de la réalité.

Vous allez comprendre qu'avec un tel exercice, deux façons de se représenter des images se font jour. La première passe par la première personne du singulier : « Je suis dans l'action. » Ce type d'imagerie dite « en perspective interne » permet d'améliorer un geste technique. La seconde, dite « en perspective externe », recourt à la troisième personne du singulier. Elle permet de mettre le stress, les émotions à distance.

– *Quid* de la performance ?

La performance reflète une coordination étroite entre l'esprit et le corps. La pensée mène aux sentiments et les sentiments à la performance. En fait, le cheminement est identique chez les champions sportifs, les grands chirurgiens et les grands musiciens

À MÉDITER...

Pourquoi les athlètes progressent-ils régulièrement dans leurs performances depuis plus de cent ans ? Voici les réponses de deux écoles de pensée.

La première prétend que l'entraînement, l'émulation, les techniques de formation, etc., favorisent l'amélioration des résultats acquis (voir l'amélioration des performances sur Wikipédia).

...

---

1   Source : étude de l'IRMES publiée dans *Sciences et Avenir* (novembre 2012).

La seconde affirme que nous sommes presque arrivés au maximum de ce que peuvent réaliser les athlètes, car c'est précisément leur don, leur conformation, leurs talents qui sont systématiquement identifiés et exploités lors de leur sélection. Une fois les modes de sélection optimisés, il reste peu de nouveaux records à atteindre. Par exemple, le record du saut à la perche est passé de 6,4 mètres en 1900 à 7,42 en 2008, mais il plafonnera à 7,43 en 2050[1].

– *Quid* des récompenses ?

Les personnes a-motivées ne font pas de sport ; inversement, le sport motive. L'important est de se convaincre qu'on pratique un sport ou réalise quelque chose pour des raisons qu'on a choisies soi-même ; non pas uniquement pour les récompenses éventuelles.

EN PRATIQUE

Attention à équilibrer les raisons extrinsèques que l'on peut donner aux sportifs (rémunération, médaille, etc.) et les motivations intrinsèques (fierté des résultats qu'on obtient pour soi-même).

– Quelle doit être l'importance des attributions causales dans nos actions ?

Cela consiste à étudier les causes de ses propres résultats : chance, douleur à un genou, fatigue de l'adversaire, etc. On les choisit, on essaie d'expliquer sa performance par rapport aux causes perçues.

Selon le chercheur Heider, nous essayons tous de prédire ce qui va se passer, de comprendre les événements de tous les jours, seule solution permettant de donner à notre vie quotidienne stabilité et prévisibilité. Puis, chacun de nous a besoin d'attribuer des causes aux résultats obtenus, soit internes (notre comportement, notre habilité, nos efforts), soit externes (destin, chance, autrui, difficulté de la tâche).

EN PRATIQUE

Évitez de vous concentrer sur les causes stables d'un résultat, car vous aurez tendance à penser que rien ne va changer : succès ou échec, espoir ou désespoir… dans le déroulement du futur challenge. Il est donc souhaitable de susciter des attributions instables après un échec ou des résultats négatifs.

– Quelle doit être l'importance de la recherche de logique dans nos actions ?

Admettez que tous les échecs ou succès ne sont pas – et ne doivent pas être – systématiquement attribuables à quelque chose de logique.

La recherche de logique en tout est perverse : si tout le monde réussit à un test, on pense que c'était facile… Alors qu'il s'agit en fait du désir de se mettre en valeur ou pas, voire de se protéger.

EN PRATIQUE

Respectez deux règles :

1. Repérez ce qui dépend de vous, ce que vous pouvez contrôler.

2. Portez votre attention sur le chemin que vous suivez une fois l'objectif clairement défini, afin d'être cohérent, car la victoire n'en sera que la conséquence.

Annexe 1 – INTERVIEW

Annexe 1 – INTERVIEW

– Quelle est votre position vis-à-vis du stress ?

Le stress diminue si l'éveil baisse ou faiblit en cas de relaxation. La compétition n'est pas stressante en soi ; c'est plutôt l'interprétation qu'on en fait. On se stresse si l'on estime qu'on n'a pas les ressources suffisantes pour gérer la situation.

EN PRATIQUE

Appliquer les techniques de « *coping* » (l'art de maîtriser les tensions internes ou externes qui mobilisent ou dépassent les ressources d'une personne). Le *coping* actif comprend les principales techniques suivantes avec leur pourcentage d'efficacité :

- entraînement mental (49,7 %), par exemple : imagerie, méditation, dialogue intérieur, pensée positive, attention, confiance en soi, refoulement, fixation de buts et puissance de la volonté ;
- entraînement physique (15,6 %) ;
- relaxation somatique (14,4 %) ;
- passe-temps (7,8 %) ;
- soutien social (6,1 %) ;
- prière (5,2 %).

Les techniques de relaxation incluent notamment la respiration, le *mantra* et la relaxation progressive de Jacobson.

Afin d'anticiper une situation stressante, vous pouvez recourir à l'imagerie mentale décrite ci-dessus ; mais pour commencer, prenez le temps de vous centrer sur votre respiration.

– Quelle est votre position vis-à-vis de l'émotion ?

L'émotion désigne un phénomène complexe, qui se produit après et en réponse à une évaluation de la situation et en fonction des ressources disponibles pour faire face à cette situation. Techniquement, il s'agit d'une réaction psychophysiologique à des relations interpersonnelles ou sociales avec l'environnement.

L'émotion est généralement ponctuelle ; elle est donc à opposer à l'état d'humeur, qui dure plus longtemps.

Il existe en tout quinze types d'émotion, dont l'anxiété fait partie (comme une menace existentielle et incertaine, la peur de l'échec, etc.). En premier, l'esprit évalue les ressources disponibles pour s'adapter à une situation.

La colère est différente : elle survient en réponse à une attaque dévalorisante contre soi et ses idées. La colère peut être positive pour la performance si elle est contrôlée, car elle donne de l'énergie (demande d'augmentation, négociation interminable, abus de pouvoir d'une personne, etc.).

EN PRATIQUE

« Caméléonisez » vos émotions ! Tout comme le caméléon qui change de couleur en fonction de son environnement, amusez-vous mentalement à déformer le cadre qui génère une émotion négative en changeant la couleur, le son, la voix. Ainsi, cette situation déformée produira moins d'impact sur vous.

– Que pensez vous de l'auto-handicap ?

L'auto-handicap est un trait de caractère ; il permet de faire preuve de moins d'efforts et de se trouver des excuses pour expliquer des performances décevantes, seule façon pour certains de préserver leur estime de soi.

EN PRATIQUE

Quelques exemples d'auto-handicap : manquer des séances d'entraînement, prendre du poids, se créer des obstacles fictifs, etc.

– Quel rôle joue la stratégie ?

Le problème, c'est que le sport s'est stratégifié. Il existe de plus en plus de combinaisons pour gagner par rapport au passé (coupe de l'America, Tour de France cycliste, football, rugby, etc.), avec pour effet de créer une course à l'intelligence indépendamment de la performance elle-même.

– Quel rôle joue l'information ?

Tout le monde ne réagit pas de la même façon devant l'ambiguïté des informations fournies : c'est l'exploitation qui en est faite qui fait la différence entre deux personnes capables de performances identiques, car les informations influent sur le mental.

Notez que les femmes sont plus sensibles à la clarté du *feedback* : s'il est obscur et/ou ambigu, elles doutent de leurs capacités et ont moins confiance en elles.

EN PRATIQUE

Optez pour la stratégie de l'escalier : montez une marche uniquement quand elle est consolidée (« c'est ce que je maîtrise ! »).

Améliorez votre efficacité personnelle en cinq points :
- restez lucide sur ce qui est important pour vous ;
- faites ce qui vous importe ;
- personnalisez votre environnement afin de réduire le stress ;
- recourez à des méthodes et outils que vous savez performants ;
- améliorez votre disponibilité face à l'imprévu.

– Que représente l'état de grâce ou le *flow* ?

Il représente la quintessence de la motivation intrinsèque. Il s'agit d'un équilibre défi/habileté qui permet de se sentir en symbiose avec l'activité que l'on exerce. Il y a concentration totale sur l'activité ; un contrôle total sans essayer de contrôler les choses ; une perte de conscience de soi ; une perte de conscience de la notion de temps. Il s'agit d'une forme d'expérience autotélique, c'est-à-dire l'atteinte du but pour soi-même. En fait, vous accédez à la fluidité lorsque vos aptitudes sont à un niveau équivalent à vos défis.

EN PRATIQUE

Les principaux effets du *flow* sont les suivants :

- développement d'une attitude mentale positive ;
- émotion positive avant la compétition ;
- concentration adaptée ;
- perception d'être bien préparé ;
- symbiose avec les collègues, le patron ;
- quintessence de la motivation intrinsèque.

– Quel rôle joue le sport auprès des jeunes ?

Les études réalisées aux États-Unis ont prouvé que les jeunes qui font du sport ont de meilleures habitudes alimentaires, fument moins et se droguent moins.

Ceux qui pratiquent un sport collectif ou individuel sont plus indépendants, plus objectifs et moins anxieux que les non-sportifs. Le sport développe l'intelligence, car il la sollicite autrement.

Le sportif est plus confiant, plus extraverti, et son esprit de compétition est plus développé ; il est plus alerte, enthousiaste, franc, autonome ; il a les pieds sur terre, et reste pragmatique, détaché émotionnellement. Son surmoi est peu développé et il est en recherche permanente de sensations.

Annexe 1 – INTERVIEW

EN PRATIQUE

Développez la motivation de vos enfants pour le sport afin de leur permettre de :

- s'amuser et prendre du plaisir ;
- apprendre de nouvelles techniques ;
- améliorer leurs compétences personnelles ;
- améliorer leur condition physique et être en bonne santé ;
- vivre la passion du sport et prendre plaisir à relever les défis de la compétition ;
- profiter de l'ambiance et de l'esprit d'équipe ;
- être en présence de leurs amis.

Apprenez-leur à coopérer avec des coéquipiers et avec un entraîneur.

Admettez que vos enfants peuvent être attirés par certains sports plutôt que d'autres : sports individuels ou collectifs, sports de contact ou sans, etc., et tirez-en des enseignements sur leur personnalité.

– Quelle synthèse feriez-vous de ce que nous venons d'évoquer ?

Il faut éprouver de la joie à participer à une expérience, qu'elle se solde par une victoire ou par une défaite. L'objectif ultime consiste à développer sa compétence perçue et son efficacité personnelle.

EN PRATIQUE

Pour se rapprocher de l'excellence, le sportif met en œuvre des comportements spécifiques. En résumé, voici les trois techniques le plus directement transposables à l'environnement économique de l'entreprise afin d'optimiser le mental, et donc la performance de chacun.

—Le « *switch* » : c'est la capacité de passer d'un état mental à un autre (ouvert sur l'extérieur, puis concentré). Son objectif ? Se placer dans les conditions les plus appropriées pour faire face à toute situation au moment de l'action. Le décathlonien français Christian Plaziat parle ainsi de l'alternance, lors des épreuves, de phases d'agressivité, de provocation, de sympathie, puis de confiance.

...

— La *visualisation* : elle permet de générer dans sa tête des séquences d'images aux cours desquelles, par simulation mentale, on « voit » se dérouler l'action à venir. Cette technique s'avère efficace notamment pour contrôler l'anxiété aussi bien des plongeurs de haut vol, que des cadres d'entreprise devant gérer des conflits.

— La *stratégie méta* : on y est observateur de son propre comportement. Les athlètes recourent à cette vidéo mentale non seulement pour décomposer leurs gestes, se voir dans toutes les positions (de face, de profil), mais aussi pour se glisser dans la peau de l'adversaire et prendre conscience de sa tactique. Cette technique est particulièrement utile dans les affaires pour le négociateur qui doit savoir gérer ses émotions.

Annexe 1 – INTERVIEW

Le *mind mapping* : votre arme secrète pour faire le point et avancer dans une nouvelle direction de carrière[1]

Comme dit le proverbe, un voyage de dix mille kilomètres commence par un premier pas !

Ce premier pas, c'est la réalisation d'une simple carte radiante (voir les exemples visibles à la fin de chaque étape de ce livre) avec un papier, ou avec quelques Post-it qui vous permettent d'avoir une vue globale des éléments qui constituent votre carrière. À partir de cette analyse, vous allez pouvoir déployer des branches dans différentes directions que vous pourrez emprunter dans le futur.

Vous êtes dans la position du voyageur. Il fait le point pour savoir d'où il vient, où il est, et où il veut aller. Ici, c'est vous qui allez construire votre carte d'orientation. Simplement en mettant des mots sur des Post-It, en les déplaçant ou en les collant sur une autre feuille. Il est aussi possible de créer des relations transversales entre les branches, réalisant ainsi un véritable câblage de vos idées entre elles, à la manière d'un circuit électronique entre différents composants qui font émerger des images sur l'écran d'une télévision. Ici, vos différentes idées organisées font naître de nouvelles représentations.

---

1. Par Pierre Mongin.

Association d'idées

C'est parce que l'esprit humain a tendance à penser par association que vous êtes parfaitement capable d'émettre des idées, de les relier et de faire émerger d'autres idées auxquelles vous n'auriez pas pensé initialement.

Travailler à la vitesse de la pensée

Une carte d'orientation (*mind mapping*) est tout simplement un moyen de capturer vos pensées, vos idées et des informations sans l'habituelle liste de haut en bas. Cette manière de procéder produit un impact immédiat sur votre capacité à penser clairement et rapidement et à trouver des solutions créatives à des problèmes tenaces.

Pensée divergente puis convergente

C'est ainsi qu'en commençant par un *brainstorming*, vous allez faire émerger un certain nombre d'idées. En les écrivant sur des Post-it, vous allez pouvoir les déplacer comme un Lego mental. Dans ce processus, vous avez probablement trouvé des idées qui ne fonctionnent pas. Il suffira de les supprimer. Mais vous remarquerez que de nouvelles idées approfondies aiguisent votre pensée et font émerger des directions totalement nouvelles.

Voir la grande image et plonger dans les détails

L'un des avantages majeurs du *mind mapping* sera de vous permettre de voir la globalité de vos idées et faits marquants de votre carrière pour en découvrir des sens cachés. Si vous utilisez un logiciel de *mind mapping*, vous pourrez faire tomber les branches pour ne faire apparaître sur votre écran que les détails qui vous intéressent. De plus vous pourrez insérer dans les branches des pièces jointes comme un document en traitement de texte, un tableau, une image, une vidéo, des liens hypertextes vers certaines de vos contributions électroniques disponibles sur Internet comme un blog, un fichier pdf, des pages web montrant les réalisations auxquelles vous avez participé. C'est ainsi que la carte mentale informatisée peut devenir pour vous un véritable dossier électronique multimédia autrement plus démonstratif de vos capacités qu'un simple CV linéaire en noir et blanc.

Partagez vos idées pour que les autres les voient

Les cartes mentales ne conviennent pas forcément à tout le monde. Aussi, il est souhaitable de continuer à fournir sous forme linéaire les informations que vous souhaitez communiquer.

Le *mind mapping*, votre nouvelle arme secrète ?

Le *mind mapping* commence à trouver largement sa place, en particulier dans les grandes entreprises du CAC 40. Il est utilisé pour la planification stratégique, la gestion de projet et d'innombrables usages personnels. Les professionnels considèrent que le *mind mapping* revêt une importance stratégique. Ce qui est vrai pour les entreprises l'est aussi en ce qui concerne la gestion de votre carrière.

Concrètement, la construction d'une carte mentale est fondée sur quelques règles simples :

1- Placez votre feuille de papier « à l'italienne » (format carte postale) pour bénéficier au mieux de la surface pour coller vos Post-it.

2- Au centre de la feuille, écrivez votre idée centrale, par exemple « Rebondir », illustrée éventuellement par un petit dessin de ressort pour tirer parti de la stimulation apportée par une illustration. Notre hémisphère droit, celui de la créativité, est alors plus sollicité. Cela permet l'apparition de nouvelles associations d'idées.

3- Déplacez vos Post-it en les rangeant selon des branches principales dessinées à partir du noyau central.

4- N'écrivez que des mots-clés sur les Post-it. Le principe n'est pas de rédiger, mais au contraire de relier des « idées forces » dont on va faire émerger la cohérence, ici celle de votre carrière, sans encombrer votre mémoire.

5- Vous pouvez relier les idées par d'autres traits comme les relations d'un réseau de neurones.

6- Ajoutez de petits dessins, même des gribouillis : ils libéreront votre pouvoir d'imagination.

Voilà, ce n'est pas plus compliqué que cela. La carte d'orientation vous permet de rendre explicites visuellement des dizaines d'idées ou de faits qui étaient enfouis dans votre cerveau. Nous avons en mémoire, lors d'un salon de l'emploi, la révélation qu'a eue un participant en dessinant sa carte mentale. Il a créé une branche « mes compétences » avec une sous-branche « immobilier » (qui était son travail antérieur). Une autre branche s'appelait « mes aspirations », avec comme sous-branche « faire quelque chose pour la planète ». La proximité des deux branches a fait jaillir chez lui une idée : devenir diagnostiqueur immobilier. En reliant les deux branches, compétences et aspirations, il a créé une association d'idées tout à fait intéressante et fiable.

À présent, c'est à vous ! Prenez un papier, un crayon, quelques Post-it et commencez à noter vos idées sur des faits et compétences que vous avez développés à vos postes précédents. Ajoutez-y vos talents inutilisés, vos aspirations, et vous allez voir de nouvelles perspectives se faire jour. Bon vent pour vos projets !

Un logiciel utile et libre

Les logiciels de *mind mapping* conservent une trace de l'évolution de vos cartes dans le temps. Surtout, ils vous offrent la possibilité de créer un véritable CV multimédia. En effet, vous aurez la possibilité de vous démarquer des autres CV en fournissant à vos recruteurs une carte mentale dont les branches pourront accueillir des liens hypertextes. Le rôle d'un lien hypertexte est de pointer vers une URL (Unique Resource Locator), c'est-à-dire de fournir l'adresse unique d'une page web sur laquelle vous avez laissé des traces électroniques. Par exemple, des photos de réalisation d'un projet, un texte en PDF sur votre mémoire de stage, un site web auquel vous avez participé, un tableau de chiffres auxquel vous avez apporté votre valeur ajoutée, un diaporama que vous avez publié sur Internet, sur Slideshare, une vidéo d'une intervention que vous avez faite, etc. Toutes les traces numériques sont bonnes, y compris des billets ou des réponses apportées à d'autres personnes sur des réseaux sociaux professionnels comme LinkedIn ou Viadeo.

Pour aller plus loin et utiliser les ressources des logiciels, voici un petit mode d'emploi de Freeplane, un logiciel de *mind mapping* libre.

COMMENT UTILISER FREEPLANE ?

Freeplane est une amélioration du logiciel Freemind (quatorze millions de téléchargements et soixantième logiciel libre le plus téléchargé au monde) Pour en savoir plus, voir *Boostez votre efficacité avec Freemind, Freeplane et Xmind* (Eyrolles, 2010, 2e éd.). Il répondra à vos besoins, en vous permettant de créer une carte et de l'enrichir des données multimédias (mots, images, fichiers audio, vidéo, liens hypertextes) ayant trait à votre carrière. Freeplane fonctionne sous Windows, Mac ou Linux. Ses possibilités d'exportation en traitement de texte OpenOffice Writer ou Word, ainsi qu'en diaporama Impress ou PowerPoint en font un outil performant. Vous pouvez même l'utiliser sur d'autres ordinateurs à l'aide d'une clé USB. Voici comment procéder :

— Télécharger Freeplane : http://sourceforge.net/projects/freeplane/files/latest/download

— Démarrer : pour créer une carte, à l'ouverture du logiciel Freeplane, un noyau central s'affiche. Pour débuter, trois manœuvres suffisent :

1. Avec la touche Inser, création d'une branche fille à partir du noyau central de la carte.

2. Avec la touche Entrée, création d'une branche de même niveau.

3. Avec la touche Suppression, disparition de la branche.

Vous pouvez également voir une vidéo sur YouTube, « La grande initiation Freemind » (10' environ), qui vous montrera les bases de son utilisation (Freeplane est une amélioration de Freemind ; les manœuvres sont quasi identiques).

Pour créer des liens hypertextes, il suffit de glisser/déposer l'adresse URL que vous souhaitez inclure dans votre carte à partir de votre navigateur. Comme vous le voyez sur la capture d'écran ci-dessous, il suffit de glisser l'icône de l'adresse URL de la page du Web que vous souhaitez intégrer dans votre CV pour créer immédiatement une branche précédée d'une petite flèche.

Le lecteur de votre carte n'aura qu'à cliquer dessus pour accéder à la page en question. Vous aurez ainsi transformé votre CV en CV multimédia.

Annexe 2 – MIND MAPPING

Annexe 2 – MIND MAPPING

Que se passe-t-il si le destinataire n'a pas le logiciel ? Pas de souci, il suffit de l'exporter par la manœuvre **Fichier/Exporter comme image cliquable.html**

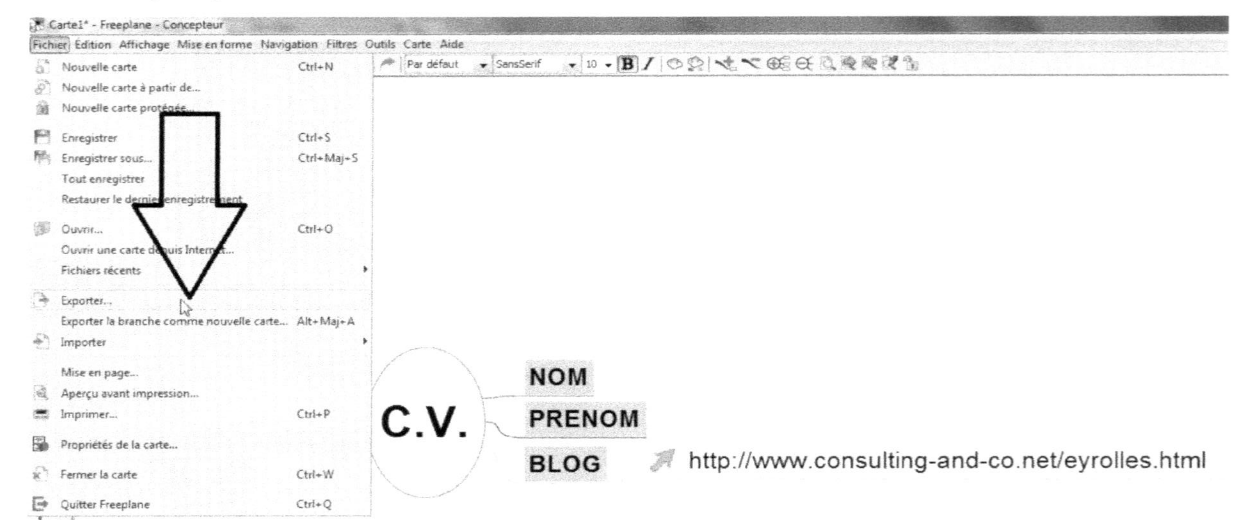

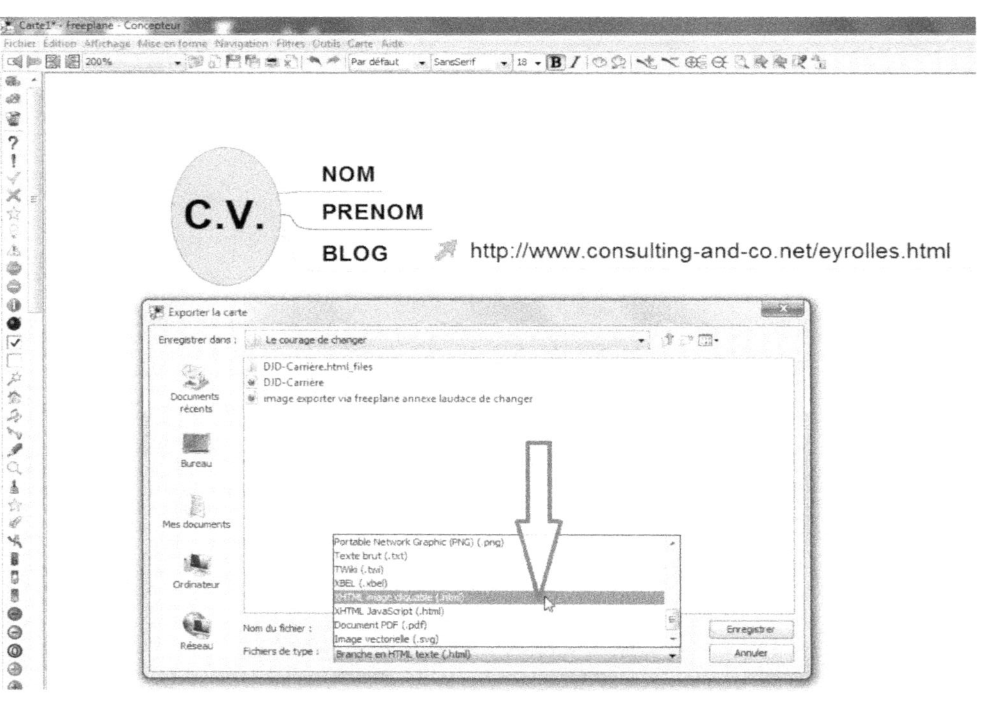

Annexe 2 – MIND MAPPING

La carte que vous enverrez en pièce jointe à un courriel sera alors semblable à un mini-site web lisible par tous les navigateurs habituels (Chrome, Internet Explorer, Firefox, Safari, etc.).

Ainsi, en quelques clics, vous faites passer votre CV dans la troisième dimension, celle de l'Internet !

EPCILON®

Ce sigle signifie Évaluation des Performances et Comportements Individuels par Laboratoire d'Observation Normalisée.

Ce questionnaire est à remplir par la personne qui a interviewé le candidat : employeur potentiel, cabinet de recrutement, organisme d'orientation, etc.

Voici quelques conseils avant de remplir ce questionnaire :

— Essayez de répondre à toutes les questions, même si vous n'avez qu'une opinion partielle sur certains sujets.

— Évitez les notations « moyennes », c'est-à-dire les (3) sauf lorsqu'il s'agit d'un choix entre deux qualificatifs… Essayez d'élargir les écarts dans vos réponses entre 1 = insuffisant, et 5 = excellent.

— N'hésitez pas à ajouter quelques commentaires personnels dans l'espace prévu : cela peut nous apporter des éclaircissements sur des aspects non couverts dans le questionnaire.

Questionnaire

Nom du candidat interviewé :

A. Impressions sur le *curriculum vitae*

C'est l'impression générale sur le document qui nous intéresse dans cette étape. Nous cherchons à savoir s'il s'agit d'un support utile au candidat ou, au contraire, d'un handicap dans la présentation qu'il vous a faite.

1- Trouvez-vous le document bien présenté et facile à lire ? (1) (2) (3) (4) (5)

2- Le CV rend-il le candidat intéressant à interviewer ? (1) (2) (3) (4) (5)

3- Quelle est la capacité du candidat à le justifier, le commenter ? (1) (2) (3) (4) (5)

4- Quelle est la fiabilité du CV par rapport à votre constat ? (1) (2) (3) (4) (5)

5- Trouvez-vous une logique dans l'évolution de carrière décrite ? (1) (2) (3) (4) (5)

Commentaires personnels (facultatifs) :

....
....
....
....

B. Impressions sur l'apparence du candidat

L'apparence, c'est la première impression que vous fait la personne en entrant dans votre bureau. Derrière les convenances sociales, que vous inspire le candidat ? Quels sont les qualités et défauts apparents que vous avez constatés ?

6- Le trouvez-vous en adéquation avec le poste sollicité ? (1) (2) (3) (4) (5)

7- Le candidat a-t-il de la présence, de l'aisance ?
(1) (2) (3) (4) (5)

8- Trouvez-vous sa tenue vestimentaire adéquate ?
(1) (2) (3) (4) (5)

9- Le candidat a-t-il l'air naturel dans ses réponses ?
(1) (2) (3) (4) (5)

10- Est-il soigné ? (1) (2) (3) (4) (5)

11- Appréciez-vous son éducation ? (1) (2) (3) (4) (5)

Commentaires personnels (facultatifs) :

....

....

....

....

C. Impression sur la personnalité

Dans cette section, nous nous sommes attachés à faire ressortir les traits profonds, constants du candidat, indépendamment de la prestation fournie, c'est-à-dire de sa présentation et de son adaptation à votre environnement.

12- Donne-t-il une impression de franchise, de sincérité ?
(1) (2) (3) (4) (5)

13- Vous semble-t-il introverti – extraverti (moyenne = 3) ?
(1) (2) (3) (4) (5)

14- S'exprime-t-il de façon précise, claire, sans verbiage ?
(1) (2) (3) (4) (5)

15- Ses raisonnements vous apparaissent-ils structurés ?
(1) (2) (3) (4) (5)

16- Est-il plutôt négatif ou constructif (moyenne = 3) ?
(1) (2) (3) (4) (5)

17- Est-il plutôt calme ou nerveux ? (moyenne = 3) ?
(1) (2) (3) (4) (5)

18- Pensez-vous qu'il s'agisse d'une personne ordonnée ?
(1) (2) (3) (4) (5)

19- Avez-vous l'impression que le candidat a une forte capacité à trancher, à décider ? (1) (2) (3) (4) (5)

20- Trouvez-vous le candidat de nature enthousiaste ?
(1) (2) (3) (4) (5)

21- Lui trouvez-vous de la confiance en soi par rapport au poste ? (1) (2) (3) (4) (5)

22- Peut-il faire preuve d'humour ? (1) (2) (3) (4) (5)

23- Le trouvez-vous dynamique, énergique ? (1) (2) (3) (4) (5)

Commentaires personnels (facultatifs) :

....
....
....
....

D. Impressions sur le comportement

Cette rubrique traite de la réactivité et de la prestation « active » du candidat face à vous. Comment ajuste-t-il son tir ? Trop ou trop peu ? Comment se vend-il ? Par opposition au contenu de son offre, tel qu'analysé dans la section suivante ?

24- Le candidat se comporte-t-il comme un gagnant ?
(1) (2) (3) (4) (5)

25- Pensez-vous qu'il puisse être agressif ? (1) (2) (3) (4) (5)

26- Lui prêtez-vous une grande capacité d'écoute ?
(1) (2) (3) (4) (5)

27- Fait-il un gros effort de séduction ? (1) (2) (3) (4) (5)

28- A-t-il un contact amical ? (1) (2) (3) (4) (5)

29- Pensez-vous qu'il soit adaptable à un nouvel environnement ? (1) (2) (3) (4) (5)

30- Ses remarques vous semblent-elles justes et de bon sens ?
(1) (2) (3) (4) (5)

31- Aurait-il la capacité à s'insérer dans votre équipe ?
(1) (2) (3) (4) (5)

32- Le trouvez-vous plutôt rassurant ? (1) (2) (3) (4) (5)

33- Est-il facile à cerner ? (1) (2) (3) (4) (5)

34- Fait-il preuve de maturité dans son comportement ?
(1) (2) (3) (4) (5)

35- Son intérêt pour le poste vous paraît-il sincère ?
(1) (2) (3) (4) (5)

Commentaires personnels (facultatifs) :

....

....

....

....

E. Impressions sur les compétences

Cette rubrique traite de la partie technique, du contenu du
poste, non plus de la façon dont il est abordé et discuté ; ceci
afin de déterminer son adéquation avec le poste.

36- Son expérience dans le domaine concerné est-elle intéressante ? (1) (2) (3) (4) (5)

37- A-t-il une expérience compatible avec le poste ?
(1) (2) (3) (4) (5)

38- Son expérience pourrait-elle apporter d'autres plus-values
au poste ? (1) (2) (3) (4) (5)

39- Sa formation est-elle compatible avec le poste ?
(1) (2) (3) (4) (5)

40- La jugez-vous suffisante ? (1) (2) (3) (4) (5)

41- A-t-il une capacité à se responsabiliser ? (1) (2) (3) (4) (5)

42- A-t-il les capacités managériales requises ? (facultatif)
(1) (2) (3) (4) (5)

Commentaires personnels (facultatifs) :

....

....

....

....

F. Conclusion

C'est à présent votre appréciation globale qui nous intéresse, aussi bien sur le plan qualitatif que quantitatif.

43- Placez-vous le candidat en N° 1, en N° 2, en N° 3 sur le poste proposé ? (1) (2) (3) (4) (5)

44- Quelle est la compatibilité du candidat avec le poste ? (1) (2) (3) (4) (5)

45- Quelle est la compatibilité du candidat avec l'entreprise ? (1) (2) (3) (4) (5)

46- S'agit-il d'une candidature intéressante indépendamment du poste ? (1) (2) (3) (4) (5)

47- A-t-il des qualifications intéressantes, mais non liées au poste ? (oui) (non)

Si oui, lesquelles ?

....

....

....

....

....

....

48- L'imagineriez-vous plutôt dans d'autres fonctions ? (oui)
(non)

Si oui, lesquelles ?

....
....
....
....
....
....

49- Quels sont les talents que vous lui prêtez à la fin de
l'entretien ?

....
....
....
....
....
....

50- Le sentez-vous résigné (1) ou battant (2) ? (1) (2)

51- Si vous aviez un seul conseil à lui donner, lequel serait-ce ?

....
....

Commentaires personnels (facultatifs) :

....
....
....
....

Annexe 3 – QUESTIONNAIRE EPCILON®

Bibliographie

Auger, L., *S'aider soi-même*, Les Éditions de l'homme, 1974.

Baldwin, B. *It's All in Your Head*, Direction Dynamics, 1985.

Baumeister, P., *Révéler sa véritable personnalité avec le personal branding*, Leduc.s Éditions, 2011.

Bommelaer, H., *Rebondir en temps de crise*, Eyrolles, 2009.

Cox, R. (traduit par Jean-Cyrille Lecoq), *Psychologie du sport*, De Boeck, 2013, 2ᵉ éd.

Dennison, P., Dennison, G., *Brain Gym*, Le Souffle d'Or, 2010, 2ᵉ éd.

Diridollou, B., *Manager son équipe au quotidien*, Eyrolles, 2007, 4ᵉ éd.

Durandy, D. J., *Décider pour gagner*, Eyrolles, 2010.

Famery, S., *Trouver plus vite un emploi*, Eyrolles, 2012.

Gounelle, L., *L'homme qui voulait être heureux*, Pocket, 2010.

Lassalas, H. et Jean-Baptiste, M., *Réussir grâce aux réseaux sociaux*, Larousse, 2011.

Mongin, P., Delengaigne, X., *Bien démarrer avec le mind mapping*, Eyrolles 2010, 2ᵉ éd.

Nideffer, R., http://calamar.univ-ag.fr/uag/staps/cours/edu_mot4/APPM5.pdf et www.epstais.com/articles/tais.pdf

Ordre des experts-comptables, « Les marchés du futur », 2013 sur Internet.

Senniger, F., *Réussir, c'est permis !*, Marabout, 2010.

Target, C., *Manuel de préparation mentale*, Chiron, 2006.

Index

présent 90
proactivité 170
Process Com 119
progrès 178
progression 43
projet professionnel 42

Q

quiet hour 165

R

recherche 93
récompense 214
réflexe 121
résultat escompté 88
rêve 148
RIASEC 70
risque 86
rôle économique 101
rupture éventuelle 155

S

santé 162
seuil critique de souffrance 39
situation
   familiale 30
   financière 29
   personnelle 31
   professionnelle 29
   sociale 31

sport 164
statut 128
stratégie 181, 218
   méta 221
   professionnelle 97
stress 216
style 167
switch 220
syndrome de l'erreur 172

T

tactique 181, 188
TAIS 72
talent 62, 130
technique 188
temps 89
timing 90
tunnel 41

V

vente
   contenu 103
   positionnement 101
visibilité 128
visualisation 212, 221

Didier J. Durandy

Décider pour **gagner**

Une méthodologie en 7 étapes
pour optimiser les talents de votre équipe

EYROLLES

Éditions d'Organisation